Rolf Kellner

Verstand ons recht!

Rolf Kellner

Verstand ons recht!

Eine Anleitung
zur Verständigung
zwischen
Schwaben und
Norddeutschen

Mit Zeichnungen
von Uli Gleis

Silberburg-Verlag

Für (fast) alle Schwaben

1 2 3 4 5 07 06 05 04 03

Schönbuchstraße 48, D-72074 Tübingen.

Umschlag: Uli Gleis, Tübingen.
Druck: Gulde-Druck, Tübingen.
Printed in Germany.
ISBN 3-87407-553-2

Inhalt

Vorwort

Alle, die oberhalb von Kassel sprechen gelernt haben, machen dieselben Erfahrungen mit dem Schwäbischen: Sie begreifen am Anfang fast nichts. Erst nach und nach verstehen sie die Einheimischen – ihre Aussprache, die speziellen Dialektwörter, die manchmal denn doch andere Grammatik. Trotzdem kommt es auch dann noch oft zu Irritationen und Missverständnissen, deren Ursachen nicht allein auf den Dialekt zurückzuführen sind. Vielmehr sind meist Wörter und Wendungen daran schuld, die im Hochdeutschen und Schwäbischen zwar gleich geschrieben werden, jedoch jeweils einen anderen Sinn haben.

Diese unzuverlässigen Vokabeln können zum Beispiel bewirken, dass der »Reigschmeckte« unpünktlich zu Verabredungen kommt, sich wundert, weshalb der Herr Hämmerle »gern mal krank« ist, und dass vor seinem geistigen Auge ein Bekannter in großen Sätzen über die Straße hüpft, der ihm eben mitgeteilt hat, er »springe« schnell mal zum Bäcker.

Eigene Erfahrungen mit derartigen Doppeldeutigkeiten und die Erzählungen von Leidensgenossen haben mich veranlasst, entsprechende Wörter und Anekdoten zu sammeln und ein paar Zeitungsartikel darüber zu schreiben. Auf die Idee, ein Büchlein daraus zu machen, brachte mich aber erst ein norddeutsches Klassentreffen, bei dem ein ehemaliger Mitschüler in völliger Unkenntnis der unterschiedlichen Bedeutungen von »saumäßig« einen Stuttgarter Geschäftspartner und in Bausch und Bogen gleich alle Schwaben für Grobiane erklärte (mehr dazu im Kapitel »Die groben Schwaben«).

Mir ging schlagartig auf, wie nötig hier gegenseitige (Auf-)Klärung ist. Dies Büchlein dient insofern also ein wenig der Volksverständigung – vor allem zwischen den Schwaben und dem Rest der Deutschen.

Ich sollte vielleicht noch erwähnen, dass ich die meisten meiner Sammelstücke aus Unterhaltungen, Fernseh- und Rundfunksendungen, Zeitungsartikeln und Ähnlichem zusammengetragen habe. Deshalb ist die im Folgenden präsentierte Auswahl eher zufällig und längst nicht vollständig. Manche meiner Beobachtungen treffen sicher auch nur auf bestimmte Regionen zu. Und es können sich Fehler eingeschlichen haben – was ich einem gebürtigen Nordlicht zu verzeihen bitte. Damit zumindest sie nicht unkorrigiert bleiben, findet sich ganz am Schluss des Buches meine Adresse: Dorthin können Korrekturen, aber auch Ergänzungen und Kommentare gesandt werden. Jede Anregung ist mir willkommen und sollte es eine weitere Auflage oder gar einen zweiten Band geben, würde ich sie soweit wie möglich berücksichtigen.

Falsche Freunde

oder: Wer war schuld am Tod der sieben Schwaben?

»Die sieben Schwaben« mussten bekanntlich – zumindest in der Version der Grimm'schen Kinder- und Hausmärchen – sprachlicher Missverständnisse oder, wenn man so will, ihres Dialekts wegen ihr Leben lassen. Als sie nämlich bei ihrem gewagten Unternehmen, »die Welt zu durchziehen, Abenteuer zu suchen und große Taten zu vollbringen« in die Nähe von Trier und dort an die Mosel kamen – »ein moosiges, stilles und tiefes Wasser« –, wussten sie nicht, wie sie den Fluss überqueren sollten. Deshalb »riefen sie einem Mann, der jenseits des Wassers seine Arbeit vollbrachte, zu, wie man doch hinüberkommen könnte«.

Der aber hatte Schwierigkeiten mit der Akustik und dem schwäbischen Dialekt: »Der Mann verstand wegen der Weite und wegen ihrer Sprache nicht, was sie wollten, und fragte auf Trierisch: ›Wat? Wat!‹«, was der Anführer der sieben, der Herr Schulz, als »Wate, wate durchs Wasser« deutete, in den Fluss ging – und ertrank. Die übrigen hielten gar das Quaken eines Frosches für die Aufforderung von Herrn Schulz, ihm zu folgen: »Sprangen darum eilig alle zusammen in das Wasser und ertranken, also dass ein Frosch ihrer sechse ums Leben brachte und niemand von dem Schwabenbund wieder nach Hause kam.«

Die Geschichte vom unrühmlichen Ende der sieben Schwaben zeigt, was passieren kann, wenn sich Men-

schen begegnen, die verschiedene Sprachen oder Dialekte sprechen, in denen es jedoch gleich oder ähnlich klingende Wörter mit einem jeweils unterschiedlichen Sinn gibt: Sie glauben, den anderen zu verstehen und schon kommt es zu Missverständnissen und Irritationen, seltener sicher zu Katastrophen wie der an der Mosel.

»Falsche Freunde« nennt man in Sprachwissenschaft und -unterricht solche Wörter und Redewendungen, auf die man sich verlassen zu können glaubt, die einen jedoch unter Umständen in einen kommunikativen Hinterhalt locken. Bekanntestes Beispiel im fremdsprachlichen Bereich ist die im Restaurant an den britischen Kellner gestellte Frage: »Can I become a beefsteak?« – zu Deutsch: »Könnte ich zu einem Rostbraten werden?« Über diesen Wunsch, als Stück Fleisch zu enden, haben im Englischunterricht schon Generationen von Schülern und Lehrern gelacht.

Hier soll es ausschließlich um die Unterschiede zwischen dem Schwäbischen und dem Hochdeutschen gehen, die im täglichen Umgang vor allem bei den Benutzern der Hochsprache Verwirrung, Unverständnis und Verwunderung hervorrufen und im Einzelfall zu Reaktionen führen, die wiederum den Schwaben seltsam erscheinen können. Wenn zum Beispiel ein Ravensburger und ein Cuxhavener ein Restaurant betreten und der Schwabe zieht hastig seinen Mantel aus mit der Bemerkung, dass man hier ja »verschmachte«, könnte der Niedersachse ihm durchaus erwidern, den Eindruck hätte er nicht – an fast allen Tischen würde doch gegessen. In Norddeutschland verschmachtet man, wenn man am Verhungern ist, im Schwaben dagegen vor Hitze.

Dass die zahlreichen »falschen Freunde« die Verständigung zwischen Württembergern und Schriftdeutsch-Sprechern so nachhaltig stören können, liegt hauptsächlich daran, dass die Nordlichter von deren Existenz eigentlich gar nichts wissen und die Schwaben ihren Effekt häufig unterschätzen. Bei den »Fischköpfen« verwundert das im Grunde nicht: Sie kennen – nicht: können – nur einen Dialekt: das Platt- oder Niederdeutsche. Das wird eigentlich nur noch in ländlichen Gebieten gesprochen und deshalb denken sie von jedem Dialektsprecher, er sei vom Dorf (und wundern sich zum Beispiel über die vielen Schwäbisch-»Schwätzer« in einer Großstadt wie Stuttgart).

Der Schwabe hat dem Nordlicht voraus, dass er dessen Sprache zumindest passiv beherrscht, weil er sie in der Schule gelernt hat, sie täglich in Radio und Fernsehen hört und in der Zeitung und sonstigen Druckwerken liest. Die beiden leben gewissermaßen in zwei sprachlichen Welten, was einen Möllner, der in einem Dorf bei Tübingen zu Gast war, nach der Lektüre des Lokalblättchens zu der erstaunten Feststellung veranlasste: »Na so was! Die sprechen Schwäbisch und lesen Deutsch.«

Trotzdem ist es natürlich eine Sache, Hochdeutsch zu verstehen, aber eine andere, sich jederzeit der unterschiedlichen Bedeutungen bestimmter Wörter bewusst zu sein und sie im Umgang mit Bewohnern des nördlichen Deutschlands in ihrem hochsprachlichen und bei der Unterhaltung mit Landsleuten in ihrem mundartlichen Sinn zu benutzen.

Dass sich Möglichkeiten zu Missverständnissen in allen Lebensbereichen finden, zeigen die folgenden Kapitel. Sie machen auf die Klippen nord-süddeutscher Verständigung aufmerksam und helfen dadurch vielleicht ein wenig, sie zu umschiffen. Zuvor aber soll an zwei – zugegebenermaßen konstruierten – Beispielen etwas anschaulicher vor Augen geführt werden, dass diese Schwierigkeiten durchaus immer und überall auftreten können, wenn Schwaben und Norddeutsche aufeinander treffen.

Wie schmeckt Nordseewasser?

Guido S. auf Sylt

Guido S., der zum ersten Mal auf Sylt Urlaub macht, ist sich natürlich bewusst, dass man ihn hier wegen seiner Aussprache als Südlicht, vielleicht sogar als Schwaben identifizieren wird. Er wird sich von Anfang an bemühen, die Einheimischen nicht mit dem gewohnten, zu Hause allzeit gültigen »Grüß Gott« zu belustigen, sondern sie tageszeitlich angemessen mit »Guten Morgen«, »Guten Tag«, »Guten Abend« oder – ganz zünftig – mit »Moin Moin« zu begrüßen. Und sich ja nicht mit »Ade«, sondern mit »Tschüss« oder »Auf Wiedersehen« verabschieden.

Und Guido S. meidet Dialektwörter, von denen er weiß, dass sie nur in seiner Heimat verstanden werden: Er bestellt in der »Wirtschaft«, die hier »Lokal« oder zumindest »Gastwirtschaft« heißt, keine »Erd-« oder »Krombiere«, sondern Kartoffeln und zum Nachtisch keine Portion »Breschtling«, sondern Erdbeeren mit Sahne. Wahrscheinlich verwendet er nicht einmal den Begriff »Spätzle«, obwohl den inzwischen im Norden fast jeder kennt.

Große Verwunderung und Ratlosigkeit löst dann aber doch sein Wunsch nach einem »Hafen Milch« für seinen kleinen Sohn aus. Die Bemerkung: »Darf es auch etwas weniger sein?« lässt ihn ahnen, was die Kellnerin sich vorgestellt hat. Seine Bitte, zahlen zu »dürfen« – statt es zu »können«, wie man hier sagt – legt sie vielleicht zu seinen Gunsten als besonders höflich und bescheiden aus.

Als Guido das Lokal verlassen und schon einige hundert Meter zurückgelegt hat, stellt er fest, dass seine Jacke an der Garderobe hängen geblieben ist. Er geht noch einmal zurück und erklärt auf den fragenden Blick des Wirts: »Ich habe meinen Kittel bei Ihnen vergessen.« Was dessen Blick noch fragender werden lässt und ihn zu der Auskunft veranlasst: »Wir haben aber keinen Kittel gefunden!« Das erscheint Guido nun doch seltsam, denn er sieht seine Jacke – Alkohol hin, Alkohol her – klar und deutlich am Garderobenhaken neben der Toilettentür hängen.

Natürlich hat er seinen »Kittel« nach einigen Erläuterungen wieder bekommen. So weiß er nun, dass Kittel in Norddeutschland nur Handwerker, Friseure und Ärzte bei der Ausübung ihres Berufs tragen. Zum Glück hat er nicht erwähnt, dass er die Jacke vor allem deshalb dringend brauchte, weil sich der Pensionsschlüssel und sein »Geldbeutel« im »Sack« befanden. Sonst hätte er vielleicht auch noch umständlich erklären müssen, weshalb er sein Geld in einem Beutel und den Schlüssel in einem Sack transportiert. (Immerhin wäre er für seinen nächsten Sylt-Aufenthalt darüber informiert gewesen, dass man diese Dinge hier in einem »Portemonnaie« oder einer »Geldbörse« beziehungsweise in der Jackentasche mit sich führt.)

Auf dem Rückweg zu seiner Pension bleibt Guido S. am Hafen stehen und bewundert die großen und kleinen Jachten, die dort auf dem ölig schmutzigen Wasser liegen. Weil der Mann neben ihm schnüffelnd die Luft durch die Nase einzieht, glaubt er sich zu der Bemerkung »Gell, das Wasser schmeckt nicht gut!« berechtigt.

Ein schiefer Blick und die Rückfrage, ob er's denn getrunken habe, zeigt ihm, dass er einmal mehr in die Dialektfalle getappt ist. »Riecht nicht gut«, hätte er sagen müssen, denn der Norddeutsche trennt scharf zwischen dem »Schmecken« mit dem Gaumen und dem »Riechen« mit der Nase. Um seinen Irrtum zu überspielen, sagt er: »Als wenn die alle hier ihre Kuttereimer ins Meer leeren täten!« Jetzt ist der Blick seines Gesprächspartners eher ratlos, denn sowohl »Kutter« als auch »Eimer« können in seemännischer Umgebung ein Wasserfahrzeug bezeichnen – da liegt für das Nordlicht der gemeinte Müllbehälter fern.

Weil Guido befürchtet, dass das Meer nicht nur im Hafen verschmutzt ist, erkundigt er sich bei dem offensichtlich Ortskundigeren, ob es denn hier ein »Freibad« gebe. Die Antwort erstaunt nun wieder ihn: Das wisse er nicht, sagt sein hochdeutscher Gesprächspartner, er sei kein FKK-Anhänger – aber eine »Badeanstalt« habe er schon gesehen. Unser Schwabe möchte am liebsten antworten, dass er keine »Anstalt« suche, in der man womöglich zwangsweise gebadet würde, und der Freikörperkultur sei er auch nicht zugeneigt (wenn er auch zugeben muss, dass man das Wort »Freibad« durchaus mit »textilfrei« in Verbindung bringen kann).

Er verabschiedet sich und begibt sich in seine Pension, wo der Rest seiner Familie auf ihn wartet. Noch immer einigermaßen durcheinander erzählt er seiner Frau von seinen sprachlichen Abenteuern, nicht ohne sie zärtlich in den Arm zu nehmen: »Gell, gut, dass i mei Weib ond meine Kender drbei han – i würd mi ja sonscht ganz verlore fühle!«

Gut auch, dass ihn keiner der Einheimischen oder norddeutschen Touristen gehört hat – sie hätten ihn bestimmt für einen Ober-Macho gehalten: Mit »Weib« redet man im Hochdeutschen keine Frau an und schon gar nicht die eigene (höchstens unter vier Augen, falls sie tatsächlich eine Schlampe ist).

Auf Bus und Bank

Uwe K. kommt nach Tübingen

Uwe K., der zwar schon in einigen Ländern der Erde, aber noch nie in Süddeutschland war, hat sich im Grunde überall zurecht gefunden, nicht zuletzt dank der Lektüre von Reiseführern und weil er von vornherein annahm, dass die Menschen und ihre Gebräuche anders sein würden als zu Hause. Bei einer Reise innerhalb Deutschlands, glaubt er, ist das natürlich überflüssig. Ein paar Stunden nach seiner Ankunft auf dem Tübinger Hauptbahnhof könnte er darüber anderer Meinung sein.

Er erreicht seinen Bestimmungsort am frühen Nachmittag und erkundigt sich bei einem Bahnbeamten, wie er zu seinem Hotel gelangen könne. Der Mann betrachtet kurz sein Gepäck, eine Sporttasche, und meint dann: »Do kennet Se laufe, des isch et weit!«

Das erstaunt denn Uwe K. doch etwas, der sich mit Mantel und der nicht ganz leichten Tasche durch unbekannte Straßen joggen sieht. Und so nah scheint das Hotel auch nicht zu sein, wenn der Beamte ihm – wegen der bald hereinbrechenden Dämmerung? – zu »laufen« empfiehlt. Ob's da keine andere Möglichkeit gäbe? Sicher, da müsse er halt »auf de Bus«. »Auf den Bus?« – »Ja, auf de Bus!« Allerdings führe mittags die Linie 6 nicht so häufig. Aber Uwe K. will ja jetzt, am Nachmittag, fahren – und sei es auch wie in Indien auf dem Dach – und nicht »mittags«, was seiner Meinung nach längst vorbei ist. Deshalb

lässt er sich lieber den Weg zum Busbahnhof beschreiben, um selbst die Fahrpläne zu studieren.

Weil ihm einfällt, dass er noch Geld braucht, erkundigt er sich auch gleich noch nach einem entsprechenden Automaten. »Do ganget Se am beschte auf d'Bank« ist die Antwort. Schon wieder »auf« – die Schwaben scheinen es luftig zu lieben; vor seinem geistigen Auge entsteht das Bild einer offenen Dachterrasse, auf der in der Mitte ein Geldautomat steht – nicht unbedingt kundenfreundlich.

Zu seiner Überraschung findet er den Banknotenspender in der Eingangshalle der Kreissparkasse und auch der Bus ist ein ganz normales, einstöckiges Fahrzeug. Das unverständliche Sprachengewirr um ihn herum erinnert ihn durchaus an Busfahrten in fremden Ländern. Er versteht wenig und beginnt, sich ein bisschen fremd zu fühlen – und das mitten in Deutschland. Er ist im Übrigen nur ein paar Minuten unterwegs und selbst wenn er langsam gegangen wäre, hätte er das Hotel noch weit vor Einbruch der Dunkelheit erreicht.

Auf das »Grüß Gott!« des Mannes am Empfang ist er durch seine Skiferien in Österreich vorbereitet, auch wenn er sich nicht darüber hat klar werden können, wer nun wen grüßt oder grüßen soll. Ein Angestellter bringt ihn in sein Zimmer und zeigt ihm Bad und WC. Dann deutet er aufs Bett und sagt: »Wenn's Ihne nachts z'kalt werde sollt: Em Kaschte send no Deppich.« Jetzt ist Uwe K. endgültig davon überzeugt, dass er mit Überquerung der Mainlinie dem Orient ein entscheidendes Stück näher gekommen ist: Wo sonst benutzt man Teppiche beim Schlafen? Als er später das Zimmer allein inspiziert, findet er im Schrank zwei Decken. Die wird er nehmen, falls er frieren sollte. Einen Kasten mit Teppichen kann er im Übrigen beim besten Willen nicht entdecken.

Den Mann vom Empfang hat er noch gefragt, ob er im Hause essen könne. »Sicher«, entgegnete der, »Nachtessen« gäb's um viertel sieben, aber wenn er wolle, könne er gleich »a Veschper« bekommen. Ein normales Abendessen scheint also nicht vorgesehen zu sein, schließt er daraus, und unter einem »Nachtessen« stellt er sich eine Schüssel mit Kartoffelchips und Salzstangen vor. Und: »Vesper« hat seines Wissens etwas mit Gottesdienst zu tun – vielleicht ist eine Art »Abendmahl« mit Wein und Brot gemeint. Uwe K. dankt.

Als er um Punkt Viertel nach sieben sehr hungrig im Speisesaal erscheint, ist dieser zu seiner Verwunderung fast leer und auch die wenigen anwesenden Esser scheinen fast fertig zu sein. Der Ober bringt ihm eine Speisekarte, die zahlreiche Gerichte, nicht aber die erwarteten Chips, Salzstangen oder Erdnüsse aufführt. Da er nicht zu fragen wagt, wie das alles sein könne, ist er der festen Überzeugung, dass sich der Mann am Empfang mit ihm als Fremden einen Scherz erlaubt hat.

Natürlich möchte er etwas typisch Schwäbisches essen und der Ober empfiehlt ihm auf seine Bitte hin »Maultasche en dr Bria«, »Sauerbrode mit Spatze« oder »Fleischkäs mit Spiegelei«. Sicherheitshalber bestellt er daraufhin Wiener Schnitzel und Pommes frites, nachdem er sich ausgemalt hat, woraus »Maultaschen« bestehen könnten, wie ein saurer Braten schmecken möge und wie man wohl aus Fleisch einen Käse herstelle. Als dann das Schnitzel und die Pommes in Soße schwimmend vor ihm stehen, glaubt er an einen Racheakt des Obers, der sich darüber geärgert hat, dass er seinen Empfehlungen nicht gefolgt ist.

Er geht, ohne noch ein Bier zu trinken, nach dem Essen lieber gleich ins Bett, hat ihm doch der Kellner beim Verlassen des Speisesaals »Gute Nacht!« gewünscht und Uwe K. daraus geschlossen, dass es ratsam ist, früh schlafen zu gehen, weil man ihn vielleicht im fleißigen Schwaben sehr früh am nächsten Morgen wecken wird.

Im Traum sieht er sich im wilden Landeanflug auf das überfüllte Dach eines Stadtbusses, er hastet mit schweren Koffern in den Händen im Laufschritt durch menschenleere, dunkle Gassen, wo eklige Tiere mit ihren sabbernden Mäulern nach ihm schnappen, und als er gerade in eine Kirchentür schlüpfen will, um an einer Vesper teilzunehmen, wird er von einem Berg Teppichen begraben. Schweißgebadet wacht er auf und nimmt sich vor, den Entschluss, sein Studium in Tübingen fortzusetzen, noch einmal zu überdenken.

Wenn er sich zumindest ein wenig mit dem Schwäbischen ausgekannt hätte, wäre er vielleicht von solchen Alpträumen verschont geblieben. Der Schwabe geht halt »auf« den Bus, den Bahnhof, die Bank, er »läuft«, wenn er geht, mittags kann auch nachmittags sein, »viertel sieben« ist Viertel nach sechs, »Deppiche« sind Decken und ein »Kasten« ein Schrank. Das »Vesper« hat nichts mit der Kirche zu tun und die »Nacht« beginnt bereits abends um sechs, weshalb man sich auch von diesem Zeitpunkt an eine »Gute Nacht« wünschen kann. »Maultaschen« haben ebenso wenig mit tierischen Mäulern zu tun wie der »Fleischkäse« mit Käse und ein »Sauerbraten« wird zwar mit Essig zubereitet, ist aber nicht wirklich »sauer«.

Bei den »Spatzen« handelt es sich natürlich um die weniger vornehme Version der als Beilage bekannten »Spätzle«, und dass selbst panierte Schnitzel mit Soße serviert werden, kennzeichnet nicht so sehr die schwäbische Küche, als vielmehr die Vorliebe des Schwaben für »a guats Sößle«.

Man sieht an diesen beiden Geschichten, dass das ganz alltägliche Leben genügend Gelegenheiten bietet, sich auch unter Deutschen, speziell zwischen Schwaben und Hochdeutschsprechern, misszuverstehen. Sowohl Guido S. als auch Uwe K. wäre einiges erspart geblieben, wenn sie vom Vorhandensein der innerdeutschen »falschen Freunde« wenigstens schon mal gehört hätten. Im Grunde müsste jeder, der die Grenze zum jeweils anderen Territorium überquert, darauf aufmerksam gemacht werden.

Sähnsucht nach Kissen

Ausgesprochen anders, weil anders ausgesprochen

Es hätte Uwe K. ja auch wesentlich härter treffen können. Wären der Bahnbeamte und der Kellner reine Dialektsprecher gewesen, hätte er deren Auskünfte wahrscheinlich überhaupt nicht verstanden. Aber die Schwaben sind ja nicht so: Wenn sie merken, dass sie es mit einem Norddeutschen zu tun haben, wenden sie ihre mehr oder weniger umfangreichen hochsprachlichen Kenntnisse an, »schwätzen« langsamer und soweit sie können »nach der Schrift«, benutzen statt des Wortes »Häs« das schriftdeutsche »Kleidung« und statt ihren Garten zu »schore«, graben sie ihn für den Neuling um.

Mit der Zeit lernt der Reigschmeckte auch ihm wohl bekannte Wörter trotz der etwas anderen Aussprache zu erkennen: Dass »Baahof« Bahnhof heißt, begreift er ebenso schnell, wie, dass mit »Samschtich« der Samstag, der Sonnabend, gemeint ist. Er akzeptiert, dass viele »e«, »n« und »s« am Wortende, vor allem bei der Mehrzahl (viele »Auto«, mehrere »Tisch«) verschwinden und überhaupt die Sprache mehr in die Kehle rutscht und an manche Wörter das berühmte – man kann sagen: schwäbische – »-le« angehängt wird. Auch die Grammatik zeigt sich in einzelnen Fällen als eigenwillig, aber kaum einmal so verquer, dass ein Hamburger sie nicht verstehen würde.

Dafür kann die unterschiedliche Aussprache einzelner Konsonanten und Vokale zu Missverständnissen führen:

Die allgemeine Erweichung des »t« zu »d« zum Beispiel im gesprochenen Schwäbisch, die ja schon beim Tod der sieben Schwaben eine Rolle spielte, führt auch heute noch zu Verunsicherungen. Sagt ein Schwabe in einem chinesischen Restaurant: »Ende guot, elles guot!«, so kann es sein, dass er das auch dem Norddeutschen bekannte »Ende gut, alles gut!« meint und ihm auch noch der abschließende Reiswein geschmeckt hat; es ist aber auch möglich, dass er einer persönlichen Erfahrung mit chinesischen Lokalen Ausdruck verleiht: Ist die Peking-Ente gut, kann man auch die anderen Gerichte empfehlen.

Möchte eine Stuttgarterin »Seide« kaufen, so kann es sich dabei für ein Nordlicht tatsächlich um den teuren Stoff handeln, vielleicht aber auch um die den Wienern ähnlichen Würstchen oder um Tennisschläger- oder Geigensaiten (wobei das Plural-»n«, wie so vieles, verschluckt wird); auch die Gegner im Tennis wechseln die »Seide(n)«, was nicht heißt, dass sie die verschwitzten Hemden tauschen, sondern dass sie, wie üblich, nach jeweils zwei Spielen die andere Platzhälfte benutzen.

Der Schwabe erkennt natürlich die unterschiedlichen Bedeutungen sofort und das nicht nur am Sinnzusammenhang. Die feinen Differenzen in der Aussprache der Doppellaute signalisieren ihm, ob es um Seite, Seide, Saite oder Saiten geht – was dem Reigschmeckten wahrscheinlich ein Leben lang ein Geheimnis bleiben wird.

Sagt ein Heilbronner Liebender am Telefon zu seiner Geliebten: »Ich sähne mich nach deinen Kissen!«, so hält eine Berlinerin dies womöglich für eine verschämte Umschreibung seines Wunsches, mit ihr im Bett zu liegen. Eine Einheimische würde sofort erkennen, dass er vorerst einmal nur ihre »Küsse« vermisst, was aber im Endeffekt aufs Gleiche herauskommen kann.

Auch das gedehnte »ü« bewegt sich in Richtung »i«, wird zu »ie«, was aus dem süddeutschen »Grüß Gott« ein(en) »Grieß-Gott« macht und aus der »Prüfung« – mit gleichzeitiger P-Erweichung – eine »Briefung«, die wiederum leicht mit dem neudeutschen Terminus »Briefing« (Kurzeinweisung, Lagebesprechung) zu verwechseln wäre, mit dem sie ja nun gar nichts zu tun hat.

An des Liebhabers »Sähnsucht« sah man, dass sich auch »e« zu »ä« verwandelt, was für den Uneingeweihten aus der »Seele« die Mehrzahl von »Saal«, nämlich »Säle«, macht und aus der »Leberwurst« eine nicht mehr ganz so appetitliche »Läberwurst«. Das »ö« kann als langes »e« ausgesprochen, aus »Öl« »Eel« und aus »unmöglich«, unter zusätzlicher Umformung von »un« zu »oo« »oomeeglich« werden.

Aber auch die unterschiedlichen Kürzen und Längen von Vokalen sind für Trugschlüsse gut: Wenn einen Reutlinger nach »Ruhm« verlangt, muss ihn nicht nach Bekanntheit und Ansehen dürsten, sondern einfach nur nach dem ursprünglich karibischen, hochprozentigen Getränk, das von einem Wilhelmshavener mit kurzem »u« – »Rum« – gesprochen und zur Herstellung von Grog verwendet wird.

Die bekannte Schwarzwurst, eine schwäbische Spezialität, klingt im Ländle wie »Schwaazwuuscht«; dem Durst widerfährt das gleiche Schicksal. Als eine Schwäbin an einem heißen Tag ihre badischen Vettern bei sich zu Hause begrüßte, fragte sie: »Hänt ihr Duuscht?« Worauf die sichtlich konsternierten Verwandten antworteten: »Nei, abber baddet.« (»Nein, aber gebadet.«) Die Geschichte ist zum festen Erzählrepertoire bei Treffen dieser Familie geworden.

Einzelne Besonderheiten der schwäbischen Grammatik führen, wenn auch nicht zu Verwirrungen, so doch manchmal zu Befremden, vor allem, wenn es sich um dialektale Wendungen handelt, die im Hochdeutschen einen Fehler darstellen. Damit geht fälschlicherweise die Meinung einher, ein Dialektsprecher beherrsche die deutsche Grammatik nicht, obwohl der, völlig legitim, doch nur seine eigene Dialektgrammatik anwendet.

Im Schwäbischen wird nun einmal die Steigerungsform – auch wenn dies zu den Todsünden der hochdeutschen Grammatik zählt – mit »wie« gebildet; das Wetter ist – unter Schwaben – in Tübingen »besser wie« in Meppen, wenn es auch sonst »besser als« in dieser Stadt im Emsland ist.

Die Butter und die Schokolade sind im Schwabenland männlich, der Tunnel sächlich (und wird darüber hinaus »Tunell« gesprochen und auf der zweiten Silbe betont). Eine weitere schwäbische Besonderheit ist in einigen Fällen die Bildung von Mehr- und Einzahl: Der Plural von »Wagen« ist »Wägen« und von »Lager« »Läger«, dafür der Singular von »Äpfel« – ebenfalls »Äpfel«.

Selbst Befehlsformen wie »Les!« oder »Geb!« sind »richtig«, obwohl natürlich ein schwäbischer Schauspieler bei einer Theater-Aufführung im Oldenburgischen besser »Stirb, Schurke!« rufen sollte, statt »Sterb, Schurke!«, weil sonst die ganze Wirkung dieser Drohung im Gelächter unterginge. Die Aufforderung »Gang, Unwürdige!« würde von kaum einem im Saal verstanden werden.

Die Schwaben dürften die einzige Landsmannschaft sein, die »bälder« als »bald« kommen kann – es soll sogar möglich sein, dass sie irgendwo »bäldest« eintreffen. Sie tun auch eine Sache »gerner« – in diesem Fall nicht als »gern«, sondern einfach »lieber« als eine andere.

Wer gerüchteweise gehört hat, dass die Württemberger »maulfaul«, also bequem im Umgang mit der Sprache seien, der wird lange nach den Beweisen für diese These suchen. Weder reden sie weniger als andere Volksstämme, noch sind sie überhaupt sparsam im Umgang mit Worten. Eine offensichtliche Ausnahme allerdings gibt es: Wenn ein Schwabe sagt, er habe »sein Foto« dabei, so kann damit eine Fotografie von sich wie auch sein »Fotoapparat« gemeint sein. Ähnlich verhält es sich mit dem »Video« und dem »CD«. Bei »Jogging« und »Training« muss man einfach »-(s)anzug« ergänzen, um der wahren Bedeutung auf die Spur zu kommen. Wahrscheinlich gibt es jetzt auch schon einen »DVD«.

Gewöhnungsbedürftig für den Norddeutschen ist, dass hier »ein Wind geht« und es »zum Regnen kommt«. Das ist nicht so schlimm, wenn der Pullover, der »Kittel« warm »gibt«. Was ein Kind tut, wenn es »nicht gut tut«, kann der Norddeutsche ahnen, wenn er sich die Bedeutung von »Tunichtgut« vor Augen führt.

Zum Schluss sei auf die schwäbische Eigenart hingewiesen, hochdeutsche Vorsilben wie »er-« und »zer-« – um nur die häufigsten Beispiele zu nennen – durch »ver-« zu ersetzen. Man kann sich die Irritationen eines Mindeners ausmalen, wenn ihm der Balinger Gesprächspartner etwas »verzählt« statt zu »erzählen«, oder wenn er keinen Unterschied macht zwischen dem schriftdeutschen »verraten« und »erraten«, indem er in beiden Fällen etwas »verräd«. Und die sieben Schwaben – wir erinnern uns – wären seiner Aussage nach »versoffen«, was der Norddeutsche als »dem Alkohol zugeneigt« auffasst und was es ihm vielleicht begreiflicher macht, dass die sieben Helden einen Hasen für ein gefährliches Untier oder Hornissensummen für das Trommeln des Feindes hielten. Ein Mindener »ertrinkt«, und nur wenn es dabei besonders dramatisch und unglücklich zuging, ist er jämmerlich »ersoffen«.

Auf der falschen Spur wäre man nun, wenn man meinte, der Balinger habe jemanden »erschlagen«, weil er behauptet, ihn »verschlage(n)« zu haben – er hat ihn nur »verprügelt« (in Schwaben kann man also einen Menschen »verschlagen«, weil er ein verschlagener Mensch ist). Dort wundert sich auch niemand darüber, dass einer seinen 70. Geburtstag nicht »verlebt« (erlebt) hat, da er eigentlich schon immer ziemlich verlebt aussah.

Eine Keramikschüssel, die »verschpringt«, ist nicht etwa an einen anderen Ort gehüpft, nein, sie ist »zersprungen«, liegt jetzt in Scherben.

Sollte nach Erscheinen dieses Büchleins publik werden, dass ein schwäbischer Literaturkritiker es »verrissen« hat, so kann das dreierlei bedeuten: Er hat es entweder – schriftdeutsch – sehr negativ besprochen, oder – schwäbisch – es tatsächlich mit seinen Händen zerrissen – oder beides.

Sprechen und Schwätzen

Der Unterschied zwischen Deutsch und Deutsch

Nicht nur mit seinem Dialekt kann der Schwabe den Norddeutschen verwirren, sondern auch damit, wie er ihn – und das Hochdeutsche – bezeichnet.

Vom Leiter eines Mundarttheaters wurde im »Schwäbischen Tagblatt«, der Tübinger Lokalzeitung, berichtet, er habe auf die Frage, weswegen seine Truppe vor allem schwäbische Stücke aufführe, geantwortet: »Mir (wir) spielet Deitsch, damit d'Leut amal an oständigs Schwäbisch heeret.« Wem das als ein offensichtlicher Widerspruch erscheint, der hat hochdeutsch recht, aus der Schwabenperspektive aber nicht, denn »Deitsch«, von einem Reutlinger benutzt, kann durchaus »Schwäbisch« bedeuten. Wenn ein Lübecker hingegen sagt, dass er »deutsch« rede, dann meint er natürlich hochdeutsch. Das Wort »Hochdeutsch« benutzt er höchstens, um es vom »Niederdeutschen«, dem »Platt«, abzusetzen.

Auch der Reutlinger sagt selten »hochdeutsch«. Für ihn spricht einer, der die Hochsprache beherrscht, »Schriftdeutsch« – eine Bezeichnung, die selbst dort, wo es gesprochen wird, höchstens Fachleuten bekannt ist. »Der spricht/redet nach der Schrift«, sagt ein Schwabe von jemandem, der genauso redet, wie es auf dem Papier geschrieben steht (nicht etwa in der salbungsvollen Ausdrucksweise der »Heiligen Schrift«, der Bibel). Es würde zur Charakterisierung dieses schriftdeutsch redenden Menschen auch schon reichen, wenn von ihm gesagt würde: »Der spricht«, wobei ein leicht ironischer Unterton unüberhörbar ist. »Sprechen« kommt nämlich im Wortschatz des Schwaben fast nur im Zusammenhang mit Hochdeutsch, ja im Sinne von »affektiert reden« vor. Wer also »spricht«, gehört ganz offensichtlich nicht zu den Dialekt-, den volkstümlich Sprechenden.

»Sprache«, das dazugehörige Substantiv, existiert dagegen durchaus: »Dem sei Sproach hot kei Hoimet«, sagt der Schwabe von einem, der sich zwischen Dialekt und Hochsprache nicht entscheiden kann oder an Letzterer scheitert. Übertragen könnte man sagen: Der hat keine (schwäbische) Identität mehr, im Grunde selbst keine Heimat.

Und es gibt die »Asproch«, die jedoch vornehmlich nicht »Ansprache« oder »Vortrag« bedeutet, sondern mit »ansprechen« zusammenhängt im Sinne von »Kontakt« aufnehmen, »Umgang« pflegen. Wer ohne »Asproch« ist, hat keine Freunde und Bekannte, mit denen er sich unterhalten, gesellig beisammen sein kann. Vielleicht, weil er gern »Händel sucht« – was nichts mit dem Komponisten zu tun hat, sondern auf seine »Streitlust« anspielt, gern »hadert«, was dasselbe bedeutet.

Es kann auch darauf zurückzuführen sein, dass er »interessiert« ist – im Norddeutschen eine durchaus positive Eigenschaft, im Schwäbischen aber auch in der Bedeutung »knauserig«, »geizig« negativ besetzt. Wer nicht ab und zu unter Freunden eine Runde Bier spendiert, macht sich halt im Bekanntenkreis unbeliebt und bleibt ohne Ansprache.

Eines der Wörter, an dem sich die nord- und süddeutschen Geister am häufigsten scheiden, ist »schwätzen«. Nie würde der Schwabe sagen, dass beispielsweise ein Hannoveraner nach der Schrift »schwätzt«. Nur wenn der Schwabe »spricht«, »sich unterhält«, »redet«, »kommuniziert«, »erzählt«, »berichtet«, »mitteilt« oder einfach »sagt«, dann »schwätzt« er. Wenn ein Nordlicht »schwatzt«, gibt er vornehmlich belangloses Zeug von sich.

Im Norden »schwatzen« nur diejenigen, die mit ihrer Zeit nichts anderes anzufangen wissen, als sich über dieses und jenes lange und ausgiebig zu unterhalten. Einig sind sich Nord- und Süddeutsche darin, dass »Geschwätz« »dummes Gerede« und ein »Schwätzer« jemand ist, der viel unsinniges und oberflächliches Zeug absondert. Eine Sache dagegen, die »gschwätzt« ist, muss nichts Dummes sein, sondern ist einfach nur »erledigt«, »abgehakt«.

Zwar keine schwäbische Spezialität – schon die Fürsten vergangener Jahrhunderte pflegten ihre Untertanen mit einem »Komm er her!« zu sich zu kommandieren – aber trotzdem auffällig in seiner Häufigkeit ist das »geischtweis Schwätzen«, die Anrede in der dritten Person. »Ma sieht sich!« heißt zu Deutsch etwa »Wir treffen uns sicher bald wieder!« oder »Isch mer au do?!« bedeutet ungefähr »Ach, Sie sind auch hierher gekommen!«

Wenn Schwaben lauter werden, dann kann es sein, dass sie »proleten«, was der gebildetere Norddeutsche zumindest annäherungsweise versteht. Was aber passiert, wenn eine Schwäbin »grillt«? In diesem Fall ist »Grillen« tatsächlich nicht Männersache, wie allgemein behauptet wird, sondern setzt eine hohe Stimme voraus. »Grillen« kann im Schwäbischen auch in höchsten Tönen »Kreischen« bedeuten – aus welchen Gründen auch immer. Das »Schwäbische Handwörterbuch« stellt zur Wahl: »im Schreck, auch in jähem Schmerz oder im Orgasmus« – auf jeden Fall darf man annehmen, dass hier die Grille Vorbild war, die sicher noch weitere Anlässe zum »Grillen« hat.

Und wie bringt man den Schwaben zum Schweigen? Es muss nicht immer ein »Halt mal's Maul!« sein, das nicht so vulgär ist, wie es dem Nordlicht klingt (siehe »Der grobe Schwabe«), sondern es reicht ein »sei zfriede« (»sei zufrieden«) – ein weiterer Beweis dafür, dass der Württemberger nichts Überflüssiges »schwätzt«, wenn es nichts zu »schwätzen« gibt – eben weil er mit der Welt zufrieden ist.

Ja, leck' mi doch am Arsch

Die groben Schwaben

Alle Welt – einschließlich der Betroffenen selbst – scheint sich einig, dass die Schwaben grobe Menschen sind; in unterschiedlichem Maße zwar, aber im Durchschnitt doch ungehobelter als die übrigen Deutschen.

Bei einem norddeutschen Klassentreffen wurde einer der Anwesenden gefragt, ob er denn immer noch in Württemberg wohne. Als dieser bejahte, setzte der Frager nach: »Wie kann man es nur so lange bei diesen Grobianen aushalten!?« Das nun wieder erstaunte den Angesprochenen einigermaßen und er erkundigte sich nach dem Grund für diese Rundumdiskriminierung. Da wurde der Schwabenkritiker richtig lebendig: »Das will ich dir sagen: Ich hatte neulich Besuch von einem Stuttgarter Geschäftspartner und dem ging irgendetwas an seinem Mercedes kaputt. Und da habe ich ihn zu einer Werkstatt in Bochum begleitet. Dort wurde er ausgesprochen höflich und zuvorkommend behandelt und trotzdem – was sagt dieser grobe Klotz zu dem Werkstattmeister, nachdem der ihm erklärt hat, was seinem Auto fehlt: ›Und pumpet Sie mir noch meine Reifen auf, aber et so saumäßig!‹ Wenn das nicht ungehobelt ist!«

Es war nicht leicht, diesem Hochdeutschen klar zu machen, dass er da einem »falschen Freund« aufgesessen war. Mit »saumäßig« hatte der schwäbische Besuch nichts anderes als »sehr« gemeint – die Reifen sollten also nicht zu sehr, zu stark aufgepumpt werden. Andererseits war das Missverständnis aus norddeutscher Sicht durchaus begreiflich: Wenn in Norddeutschland jemand etwas »saumäßig« macht, dann macht er es äußerst schlecht, schlechter geht's kaum.

Eine positive Bedeutung dieses in Schwaben viel und in vielerlei Weise verwendeten Wortes existiert oberhalb der Mainlinie nicht. Dort erinnert es immer an das weibliche Borstenvieh, das ja als besonders schmutzig, faul und dumm gilt und deshalb auch entsprechende Schimpfwörter wie »dreckige Sau«, »faule Sau« und »blöde Sau« Verbalinjurien darstellen, die selbst unter Freunden nicht benutzt werden dürfen, ohne dass der Beschimpfte für längere Zeit beleidigt ist.

Wenn überhaupt, dann kann im Norden höchstens das etwas vornehmere Schwein positive oder neutrale Bedeutungen annehmen, in der Feststellung etwa, dass jemand »Schwein gehabt« hat, oder als Stoßseufzer eines Unbeachteten, dass »natürlich wieder kein Schwein guckt«.

In Norddeutschland kann niemand verstehen, wie ein Mensch sich »saumäßig« (oder »wie d'Sau«) freuen, das Wetter »saumäßig« gut sein oder man »saumäßig« Glück gehabt haben kann. »Saumäßig gut« zum Beispiel ist für jeden Westfalen ein Widerspruch in sich, der sich anhört wie »schlecht gut« und den er nicht auflösen kann.

Ein auswärtiger Beobachter hat natürlich recht, wenn er zu der Ansicht gelangt, dass die negativen Verwendungen überwiegen. Schimpfwörter wie »Saudackel«, »Saudüppel«, »Sauhund« oder »Saukerle«, die allesamt besonders dumme und grobe männliche Wesen meinen (nur das »Saumensch« meint ein »gemeines Weibsbild«), die verstärkenden Zusammensetzungen wie »saudumm«, »saugrob« und »sauschlecht« oder »Saufraß« für schlechtes Essen, »Saugosch« für ein böses Mundwerk oder »Sauwirtschaft« für ein heilloses Durcheinander (und nicht etwa eine schmuddelige Kneipe) werden einfach häufiger gebraucht als »saufidel«, »saugut« und »sauwohl«, »Sauglück« oder »Saugschäft«. Das ändert aber nichts daran, dass das »sau-« in jedem Fall nur eine verstärkende Funktion hat und die so verstärkten Wörter auch allein meist schon negativ oder positiv gemeint waren.

Apropos »Saugschäft«: Das Wort bezeichnet nicht etwa ein schlechtes oder gar ein »schmutziges Geschäft« – es meint auch nicht einen Ramschladen, sondern etwas ganz anderes: »Gschäft« kommt von »schaffen« und entspricht dem hochdeutschen »Arbeit«. (Näheres dazu im Kapitel »Schaffen ist Gschäft«.) Hat jemand ein »Saugschäft«, so handelt es sich auch nicht um eine Verrichtung, bei der es besonders staubig hergeht, sondern um eine sehr mühselige und harte Arbeit. Viel Arbeit hätte er, wenn von ihm gesagt würde, er hätte »saumäßig viel zum schaffe(n)«.

Spezialkenntnisse im Schwäbischen braucht man auch, wenn man einen »Saumagen« nicht für das Leibgericht vom ehemaligen Bundeskanzler Kohl oder für einen empfindlichen Magen halten will: Das Gegenteil von Letzterem ist gemeint, ein widerstandsfähiges Verdauungsorgan nämlich, das jegliche Speise zu verarbeiten in der Lage ist, ohne Schaden zu nehmen.

Das Verb »saue(n)« könnte ein Niedersachse, entsprechend seinen Assoziationen im Zusammenhang mit

»Sau,« durch »schweinigeln« oder »versauen« übersetzen (Letzteres bedeutet im Norden eine Sache »verderben«, »vermasseln«) – womit er den Sinn des Wortes nicht auch nur annähernd erfasst hätte. (Was es in Wirklichkeit heißt, steht im Kapitel »Vom Jucken, Lupfen und Sauen«.)

Immerhin: Eine »Sauerei« ist im Schwäbischen wie im Hochdeutschen eine besonders große Schweinerei. Was aber ist eine »Gottessauerei«, eine »gottsallmächtige Sauerei« oder eine »jesusmäßige Sauerei«? Zum Vorwurf des Groben, Ungehobelten müssen sich die Schwaben bei diesen und ähnlichen Ausdrücken auch noch gotteslästerliche Tendenzen nachsagen lassen. Dreht es sich womöglich um im Namen Gottes oder Jesu begangene oder sonstwie religiöse (Un-)Taten? Das ganz gewiss nicht. Vielmehr sind dies besonders ausdrucksvolle Exemplare der im Schwäbischen sehr beliebten Verstärkungen, von denen es eine große Menge gibt und über die man ein eigenes Kapitel schreiben könnte. »Saumäßig« und die Zusammensetzungen mit »sau-« und »wie d'Sau« sind Paradebeispiele für diese Erscheinung und man darf mit Recht annehmen, dass der Vorwurf der Ungehobeltheit vor allem auf der Beurteilung sprachlicher Äußerungen wie dieser beruht.

Wer Thaddäus Trolls Kapitel »Wenn's sei muaß, saugrob ...« oder die von Heinz-Eugen Schramm gesammelten »Tübinger Gogen-Witze« gelesen hat, der weiß, dass die Schwaben auf diesem Sektor äußerst erfindungsreich sind. Troll behauptet sogar, dass das Ersinnen von Schimpfwörtern und die schwäbische Poesie die gleichen Wurzeln hätten, nämlich »die Freude am Wortschöpferischen«. Und dass »Drohungen mit körperlichem Unge-

mach nie ernst gemeint (sind). Denn der Schwabe ist nicht aggressiv, nicht gewalttätig.«

Das Wort »gewalttätig« selbst scheint ein Beleg für diese Auffassung zu sein. In Norddeutschland ist ein Mensch, dem man diese Eigenschaft nachsagt, auf jeden Fall jemand, der gern mal die Muskeln spielen und die Fäuste fliegen lässt (wenn nicht Schlimmeres). In Reutlingen ist jemand schon »gwalttätig«, der beharrlich auf etwas besteht, »aufdringlich« (nicht »zudringlich«) wird.

Mögen die Schwaben auch »gern« (hier trifft sowohl die nördliche – »mit Vergnügen« – als auch die schwäbische Bedeutung – »häufig« – zu) plastisch und variantenreich schimpfen und deshalb den Nordlichtern grob vorkommen, an gewissen Ursachen für die Annahme, sie seien Grobiane, sind sie nur teilweise schuld. Einige der im Hochdeutschen als derb geltenden Wörter haben nämlich in der schwäbischen Umgangssprache eine ganz andere oder zumindest »abgemilderte« Bedeutung – und das sind nicht wenige und sie werden im täglichen Umgang ziemlich häufig benutzt.

Von den »Maultaschen«, dem nach den Spätzle bekanntesten schwäbischen Lebensmittel, wird im Kapitel über »Essen und Trinken« ausführlicher die Rede sein. Es ist sicher ihr Namensbestandteil »Maul«, der sie einmal in Norddeutschland nicht zur Delikatesse werden lässt, zum andern zum speziellen Ruf der Württemberger beiträgt: Wer eine Nationalspeise nach der Fressöffnung von Tieren nennt (und nur diese Bedeutung hat die Bezeichnung da oben), der kann keine feine Lebensart haben.

»Maul« ist jedoch ein bei den Schwaben durchaus gebräuchlicher und nicht einmal vulgärer Ausdruck auch für den menschlichen Mund. Deshalb kann man in Stuttgart zu Freunden und guten Bekannten durchaus »Jetzt halt' doch kurz mal's Maul!« sagen, wenn man auch einmal zu Wort kommen will, während das einem Kieler etwa wie »Halt die Schnauze!« klänge und zur Folge haben könnte, dass er dem Sprecher »eins auf's Maul« schlägt.

Ein für den Westfalen noch wesentlich schlimmeres Wort ist »Arsch«. Natürlich kann es das auch für den Schwaben sein: Wenn er von jemandem sagt, der sei ein »Arsch«, dann meint er es auch so, und ein »Arschloch« ist auch in Biberach ein »Arschloch«. Desgleichen bedeutet der so genannte »schwäbische Gruß« zunächst einmal und im ursprünglichen Sinne, dass der Angesprochene den Sprecher im übertragenen Sinne »am Arsch lecken« könne.

Wie so oft aber im Schwäbischen kann ein Wort oder ein Satz mit anderer Betonung oder einem angehängten »-le« ins Gegenteil oder zumindest in etwas Positiveres umschlagen. Das Götz-Zitat ist ein beredtes Beispiel für diesen Effekt. Ein »Ja, leck' mi doch am Arsch, bischt du au do!« ist Bekundung einer freudigen Überraschung und hat dem Inhalt nach mit dem »schwäbischen Gruß« aber auch gar nichts mehr zu tun.

Von einem weiblichen Wesen darf ohne irgendwelche Nebengedanken gesagt werden, dass es ein »nett's Ärschle« hat, was nicht nur heißt, dass es mit einem »hübschen Po«, sondern darüber hinaus auch mit einer guten Figur ausgestattet ist. Denkbar wäre sogar ein »saubers Ärschle« – aber das ist wahrscheinlich zu zweideutig, als dass es allgemein gebräuchlich sein könnte. Man sagt sogar, dass sich Verliebte in besonderen Situationen durchaus »mei Arschlöchle« nennen dürfen – eine Zärtlichkeit, die einer Essenerin mit Bestimmtheit nicht auf Anhieb gefiele. Der Schwabe kann auch »ärschlängs« – »rückwärts« – gehen, und keiner seiner Landsleute wird daran Anstoß nehmen.

Wörter wie »Sau«, »Maul« und »Arsch« und ihre Zusammensetzungen sind ja nur die häufigsten und wirksamsten Quellen von Missdeutungen und Fehleinschätzungen der schwäbischen Mentalität. Es gibt noch einige andere – nur »Pfurz« (so in »pfurztrocke(n)«) und »Scheiß« (»schener Scheiß«) seien hier genannt – die Hochdeutschsprechern den Eindruck vermitteln können, sie hätten es bei solchen, die eine derartige Sprache benutzen, mit ungehobelten Klötzen zu tun.

Da ist es fast ausgleichende Gerechtigkeit, dass man mit ein paar der schlimmeren schwäbischen Schimpfwörter, die Grundbestandteile von vielen wortschöpferischen Flüchen sind, im Norden wahrscheinlich kaum eine beleidigende Wirkung erzielen würde.

»Dackel« dürfte man vermutlich sogar den Polizisten beim Kontrollgang auf der Reeperbahn nennen, weil er nur den niedlichen, krummbeinigen Hund kennt und bei »Halbdackel« dürfte er sich höchstens erkundigen, welche Hälfte denn gemeint sei. Auch mit »Seckl« weckt man an sich keine kränkenden Assoziationen, einfach weil das Wort dem hochdeutschen »Sack« – der dort durchaus eine Beleidigung darstellt – zu unähnlich klingt. Noch weniger Erfolg dürfte jemand mit dem »Halbseckl« haben, denn selbst, wenn der so Beschimpfte um die Verbindung zum »Sack« weiß, wird ihn die Bezeichnung »Halbsack« nicht aus der Reserve locken.

Ähnlich steht es um eine der gröbsten schwäbischen Verbalinjurien für das weibliche Geschlecht: »Du Schnall(e)!« ruft in Hamburg höchstens ein ratloses Lächeln auf den Gesichtern der meisten so Gescholtenen hervor. Ein Kenner der schwäbischen Volkseele hat »Schnalle« einmal so definiert: »Die tut's mit jedem und nimmt nicht mal Geld dafür!« Letzterem widerspricht allerdings die Existenz des »Schnalle(n)treibers«, eines Berufs, der im Norden als »Zuhälter« bekannt ist. (Nebenbei: Mit Hilfe einer »Schnalle« öffnet und schließt man im Ländle nicht nur Gürtel, sondern auch Türen – »Klinke« würde man nördlich des Mains dazu sagen.)

Würde man eine Dame des horizontalen Gewerbes auf der Reeperbahn mit »Mensch« oder »Menscher« zu beleidigen versuchen, könnte die vielleicht sogar vom Gegenteil ausgehen: Endlich einmal erkennt sie da jemand als normales Mitglied der menschlichen Gesellschaft an. Die meisten der vielen Bezeichnungen für alte und/oder böse Weiber, »Ripp« etwa oder »Kachel« und »Schell(e)«, ja, selbst »Beißzang«, klingen für norddeutsche Ohren so harmlos, dass sie kaum als Herabsetzung, geschweige denn als Diffamierung wahrgenommen werden.

Weil der Vorwurf der Ungehobeltheit, ja Unhöflichkeit so schwerwiegend ist – und darüber hinaus auch vom übrigen Deutschland akzeptiert zu werden scheint – sei hier zum Schluss noch einmal betont: Es sind vermutlich vor allem die im Norden grob klingenden, schwäbisch aber nicht so gemeinten Wörter und Redewendungen, die ihn – fälschlicherweise – für die Bewohner anderer Regionen zu einem ungehobelten Patron machen. Er wird damit leben müssen und, da er zu seinem Dialekt steht, können.

Ohne Hals und Beine

Die schwäbische Anatomie

Außer durch fußballerische Großtaten hat der ehemalige Stuttgarter Nationalkicker Guido Buchwald einmal mit einer Mitteilung über seinen Gesundheitszustand ganz Deutschland – außer Schwaben – in Erstaunen versetzt.

Er könne, informierte er Journalisten, beim nächsten Match der deutschen Fußballmannschaft nicht mitmachen, weil er sich beim letzten Spiel seines Clubs »den Oberschenkel vom rechten Fuß gezerrt« habe. Die Nachricht, die daraufhin einige Zeitungen verbreiteten, zog zahlreiche Diskussionen über die Anatomie Buchwalds, aber auch der Schwaben allgemein, nach sich.

Wer dem Geheimnis auf die Spur kommen wollte und sich dabei direkt vor Ort am Dialekt orientierte, der stieß auf einige befremdliche Besonderheiten des schwäbischen Körperbaus, die allerdings nur sprachlicher Natur sind. Beine, so würde der Schwabenforscher feststellen, mit deren Hilfe man sich fortbewegt – und deren Oberschenkelmuskeln tatsächlich gezerrt werden könnten – scheinen wirklich nicht zu existieren, dafür »Beine« oder »Boiner« im ganzen Körper verteilt (hier meint der Schwabe »Knochen«). Buchwald hatte einfach von seinem schwäbischen »Fuß« gesprochen, der den norddeutschen Fuß und das norddeutsche Bein umfasst und direkt unterhalb des Gesäßes endet.

Das Gesäß ist sprachlich in Württemberg leicht als solches zu erkennen, heißt es doch normalerweise ähnlich dem nördlichen Hinterteil »Hintere«; es gibt aber auch die – etwas vulgärere – Bezeichnung »Fiedle«, vielleicht seiner entfernten Ähnlichkeit mit einem Streichinstrument wegen. Vom noch derberen »Arsch« hört man zwar des Öfteren, aber überwiegend im übertragenen Sinne oder in Redensarten – auf jeden Fall nicht so häufig als Bezeichnung des betreffenden Körperteils, wie oft behauptet wird (siehe hierzu die Ausführungen im vorigen Kapitel).

Wenn ein Schwabe drohend sagt: »I schlag' dir gleich aufs Hirn!«, so sieht der Holsteiner gewissermaßen den geöffneten Schädel vor sich.

Der Kopf sitzt anscheinend direkt auf dem »Kragen« – ganz fehlt der Hals offenbar aber nicht, auch wenn sich das manchmal nur bei »Halsweh« zeigt.

Unterm Kragen beginnt der »Ranzen«, den man bei den Norddeutschen zwar als »Tornister« kennt (siehe das Kapitel »Schule für Neuschwaben«), von dem man aber immerhin weiß, dass es sich um ein rucksackähnliches Gepäckstück handelt, das mit Gurten auf dem Rücken getragen wird. Wenn der Schwabenforscher jedoch erfährt, dass die Schwaben allesamt einen »Buckel« haben, also seiner Meinung nach unter einer Rückgratverkrümmung leiden, dann glaubt er vielleicht zu ahnen, weswegen der »Ranzen« eher vorn zu suchen ist. Oder er vermutet, dass diese krankhafte Missbildung vom vielen »Schaffen« kommt.

Im »Ranzen« befinden sich unter anderem die »Kuttel(n)«, die, fachmännisch ausgedrückt, »Kaldaunen«, Eingeweide. Wird allerdings von einem Menschen gesagt,

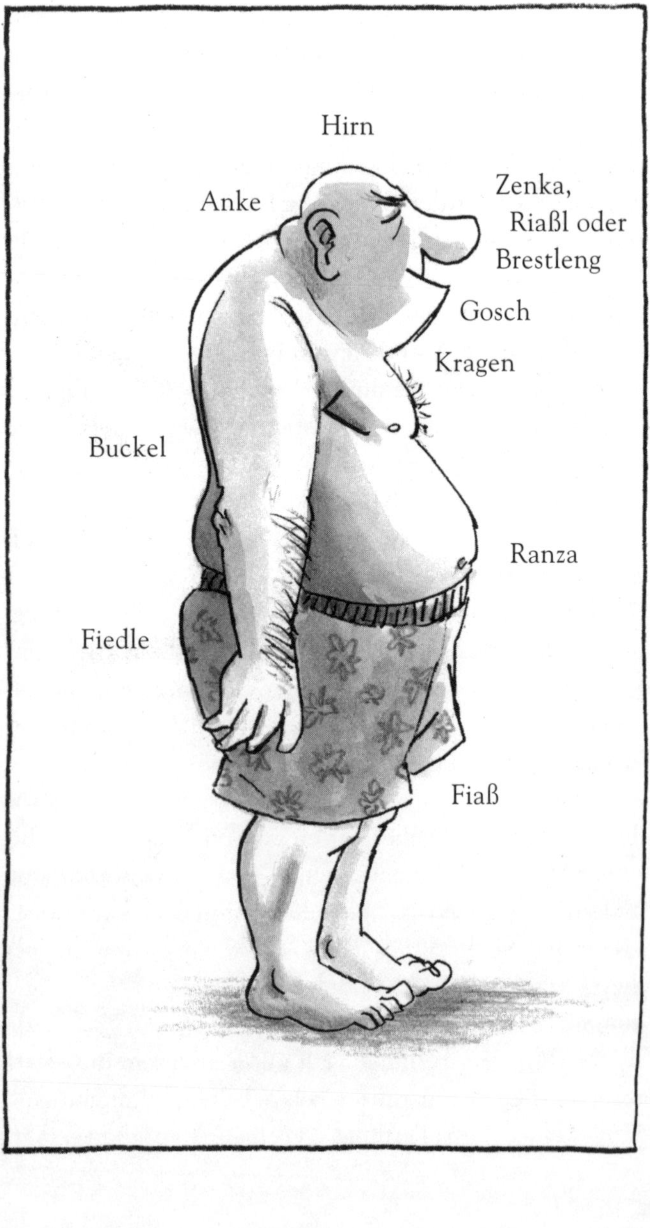
Hirn
Anke
Zenka,
Riaßl oder
Brestleng
Gosch
Kragen
Buckel
Ranza
Fiedle
Fiaß

dass er eine »gute Kuttel« habe, so kann man davon ausgehen, dass er nicht nur gesunde Eingeweide, sondern darüber hinaus eine besonders gute Gesundheit hat, von besonders zäher Natur ist. »Kutteln« heißt auch das beliebte Gericht der Regionalküche, das vornehmlich aus Kuhmägen hergestellt wird.

Die Hinterseite des Halses, den Nacken, bezeichnet man in Schwaben auch als »Anke« – vielleicht, weil hier der Kopf verankert ist. Schwieriger ist schon die Frage zu beantworten, wo sich bei einem Tübinger die »Achsel« befindet. Auch er selbst zeigt bei einer entsprechenden Nachfrage des Öfteren auf die »Achselhöhle« – und liegt falsch: Die schwäbische »Achsel« befindet sich völlig korrekt oberhalb der »Höhle«, dort, wo die Niedersachsen – und auch viele Schwaben – ihre »Schultern« haben.

Natürlich wird sich kein Nordlicht den Württemberger tatsächlich bein-, hals- und schulterlos, bucklig und mit tornisterförmigem Oberkörper vorstellen. Aber einzelne anatomische Bezeichnungen können schon zu Ratlosigkeit und Missverständnissen führen, wie das Buchwald'sche Beispiel zeigt. Eventuell auch zu verzögerten Diagnosen: Weil der schwäbische »Fuß« Bein und Fuß einschließt, kann sein Besitzer sowohl in Nord- als auch in Süddeutschland bei der genaueren Benennung, zum Beispiel einer Bruchstelle, in Schwierigkeiten kommen. In Bremen würde die Auskunft, er habe sich den Fuß gebrochen, die Ärzte eventuell den wahren Ort der Fraktur zunächst einmal übersehen lassen oder zu schmerzhaften Untersuchungen an der falschen Stelle führen, in Stuttgart hätte er Probleme auszudrücken, dass er sich den Mittelfuß verletzt hat. Was dem Schwaben fehlt, ist nicht das Bein an sich, sondern das Wort für den norddeutschen Fuß.

In anderen Fällen könnte auch der Schriftdeutsche gerade in diesem Bereich mit einigem Nachdenken den Unterschieden auf die Spur kommen. So kennt er »Beine« oder »Boiner« in der Bedeutung von »Knochen« durchaus, sie sind in den ihm geläufigen Zusammensetzungen wie »Gebein«, »ausbeinen« oder »beinhart« enthalten, das bloße »Bein« aber benutzt er nur für seine Gehwerkzeuge.

Dass der »Kragen« nicht nur der schmückende obere Abschluss eines Hemdes oder Jacketts ist, hat der Bewohner des Nordens eigentlich schon immer vermutet: Zu harmlos mussten ihm Redewendungen wie »Ich gehe dir gleich an den Kragen!« oder »Ich drehe dir den Kragen 'rum!« oder »Es geht um Kopf und Kragen« für das, was gemeint war, erscheinen. Erst wenn man hier »Hals« oder »Gurgel« einsetzt, wird auch dem Nordlicht die wahre Bedeutung dieser Warnungen und des Wortes »Kragen« klar. Aber obwohl man im hochdeutschen Raum von einer gierigen Person sowohl sagt, sie könne »den Kragen«, als auch, sie könne »den Hals nicht vollkriegen«, werden sich seine Bewohner den schwäbischen Kragen erst einmal aus Stoff und nicht aus Fleisch und Blut vorstellen.

Und auch den »Buckel«, den Rücken des Württembergers, dürfte der Norddeutsche bei einigem Nachdenken nicht gleich als krankhaft veränderte Wirbelsäule identifizieren: Die ihm durchaus geläufige Redewendung »Rutsch' mir doch den Buckel runter!« müsste ihn eigentlich davon überzeugen, dass hier ein normaler, gerader Rücken gemeint ist und kein »Schnitzbuckel«, wie die Rückgratverkrümmung auf Schwäbisch heißt.

Vom Jucken, Sauen und Lupfen

Wie Schwaben sich bewegen

So seltsam, wie ihm vom Hörensagen der Körper des Schwaben vorkommen muss, werden dem Norddeutschen anfangs auch einige der Tätigkeiten erscheinen, die dieser damit vollführt. »I spring mol schnell zom Bäcker«, sagt der Tübinger Student zu seinem Kollegen aus Göttingen – und der sieht ihn vor seinem geistigen Auge die vierhundert Meter hüpfend zurücklegen, auf dem Rückweg mit Brot und Kuchen in den Händen, was er sich sehr unpraktisch vorstellt.

Ebenso wird ihn verwundern, wenn der Schwabe erzählt, er sei am Vorabend noch einmal in die Stadt »gelaufen«, um ein Bier zu trinken. »Hattest du solchen Durst?«, könnte er unter Umständen fragen und die Antwort: »Nein, ich hatte nur kein Bier im Haus« trüge nicht zur Klärung darüber bei, weswegen sich einer wahrscheinlich verschwitzt und vielleicht gar im Trainingsanzug in eine Kneipe setzt.

In Wirklichkeit ist der Mitstudent ganz normal in seine »Boiz« (hochdeutsch: Kneipe) gegangen, denn in Schwaben »läuft« man, wenn man geht, man »springt«, wenn man läuft und wenn einer wirklich springt, dann »hopst« oder »juckt« er. Würde eine Sigmaringer Joggerin ihrem niedersächsischen Freund erzählen: »Immer wenn i spring, juckt mei Buse(n)«, so wäre diese Auskunft gar nicht so frivol, wie er vielleicht annehmen könnte: Sie hat ihm nur mitgeteilt, dass ihr Busen im Laufrhythmus hüpft – vielleicht, weil sie keinen Sport-BH trägt – nicht aber ihn aufgefordert zu kratzen.

Apropos »kratzen«: Dieses Wort gibt es zwar in der eben erwähnten Bedeutung (auch kann man im Winter das Eis von der Windschutzscheibe »kratzen«), man benutzt es aber nicht, wenn zum Beispiel ein Pullover scheuert, »kratzig« ist – der »beißt« dann nämlich.

Und wo wir gerade beim Pullover und »scheuern« sind: Sollte das Kleidungsstück an den Ellbogen durchgescheuert sein, so ist es dort für den Schwaben nicht »fadenscheinig«, sondern »blöd« (was für einen Emdener höchstens blöd wäre, falls es jemand bemerkt und sich darüber lustig macht). Er kann im Übrigen auch einen »blöden« (verdorbenen) Magen haben, ebenfalls einen »blöden« Kopf – und das heißt nicht etwa, dass er »bescheuert« oder dumm ist, sondern lediglich, dass er sich benommen (schwäbisch: »nebe(n) dr Kapp« – neben der Mütze) fühlt, einen »dicken« Kopf hat.

Zurück zum »Laufen«: Der Schwabe kennt durchaus auch das normale Gehen (konjugiert: »I gang, du goascht, er goat, mir ganget, ihr ganget, sie gant«), benutzt es jedoch nur dort – so erklärt es feinsinnig Fischers »Schwäbisches Handwörterbuch« – »wo ›gehen‹ die Bewegung im Gegensatz zur Ruhe bezeichnet oder aber das Fortgehen, den Ortswechsel« meint. Aber: »Wo das Gehen zu Fuß ausdrücklich bezeichnet werden soll«, wird »nur ›laufen‹« gebraucht.

Wer nun meint, ein Nürtinger sei eine Sache »angegangen«, wenn er erzählt, da sei er »agange«, der irrt allerdings: »Reingefallen« ist er vielmehr, hat einen Schaden erlitten. Beichtet er, er sei »nebenaus gange«, hat seine Ehefrau den Schaden: Er ist nicht nur einmal kurz beiseite getreten, sondern hat sie betrogen, hat Ehebruch begangen.

Die Württemberger können im Grunde gut auf das Wort »laufen« als Charakterisierung einer schnelleren »Gang«-Art verzichten: Gewissermaßen zum Ausgleich haben sie eine Reihe von Ersatzausdrücken gebildet, die die verschiedenen Arten der eiligen Fortbewegung differenziert beschreiben: Neben »springen« unter anderem noch »wetzen«, »rennen«, »reiflen«, »fußlen« und – als eins der gebräuchlichsten – »sauen«. Letzteres könnte unter Umständen den Anhängern der Theorie vom »groben« Schwaben Auftrieb geben – zu Unrecht.

Thaddäus Troll berichtet in »Deutschland deine Schwaben« über die Empörung einer norddeutschen Verwandten, der er als kleiner Bub »Sau, Dante, sau!« zurief, als sie die Straßenbahn zu verpassen drohte. Dahinter steckte jedoch nichts Despektierlich-Beleidigendes, sondern einfach nur die Aufforderung, schnell zu laufen.

Ein Waiblinger lässt etwas »fahren«, indem er es loslässt und ihm »fährt ebbes im Ranza rom«, was durchaus eine ordinäre Blähung sein kann. Da nützt es auch nichts, zu »pressieren«, weil das nicht »pressen« oder »drücken« bedeutet, sondern sich »beeilen«.

Der Württemberger »wirft« nur selten und dann meist in offiziellen Zusammensetzungen wie »Diskus-«, »Hammer-« oder »Speerwerfen«. Er »schmeißt« eher (was man manchmal auch im Norden tut) oder »gheit« und so könnte der klassische Leichtathletik-Dreikampf auf Schwäbisch »saue(n), jucke(n), gheihe(n)« lauten oder –

dem Hochdeutschen nicht ganz so befremdlich – »springe(n), hopfe(n), schmeiße(n)«.

Im Übrigen hätte der junge Thaddäus Troll statt des »Sau, Dante, sau!« auch rufen können: »Do gschwind, Dante!«, was diese wahrscheinlich richtiger verstanden hätte, aber weniger schwäbisch gewesen wäre. Wenn aber jemand zu der Dame gesagt hätte: »Wartet Se doch gschwind – die nächste Straßenbahn kommt in zehn Minute(n)«, dann wäre klar geworden, dass in Schwaben »gschwind« nicht nur mit »Geschwindigkeit« zu tun hat, sondern ebenfalls mit dem Gegenteil verbunden werden kann. »Do goaht gschwind gar nix meh!« – selbst völlige Untätigkeit hört sich so noch irgendwie gehetzt an. Zu übersetzen sind solche Wendungen nur mit Mühe, etwa mit »einfach«, »augenblicklich«, »jetzt« oder »gerade« – das Nordlicht wird auf jeden Fall seine Probleme damit haben.

Das Gegenteil von »geschwind« ist im normalen Sprachgebrauch »langsam«. Wenn einem Hannoveraner auf seine Bemerkung hin, dass er in letzter Zeit einige Kilo zugenommen habe, sein Ludwigsburger Gesprächspartner antwortet, er müsse »halt langsam do«, wird der dies bezweifeln, weil er sich an ein plattdeutsches Sprichwort aus seiner Heimat erinnert: »Slapen, freten, supen, langsam gahn un pupen, dat sleit an.« (Grob übersetzt: Schlafen, fressen, saufen, langsam geh'n und sich seiner Blähungen entledigen, das macht dick.) Aber er soll ja auch gar nicht »langsam tun«, sondern einfach nur weniger essen – was in diesem Zusammenhang ein vernünftiger Ratschlag ist, den er aber – wie gesagt – auf Anhieb kaum verstehen dürfte.

Schwierigkeiten hätte der Hannoveraner auch mit der Feststellung einer Mutter, ihre kleine Tochter müsse »Rolle machen«. Weshalb das Kind, und das noch bei einem gemeinsamen Lokalbesuch, unbedingt einen Purzelbaum schlagen will, leuchtet ihm sicher noch weniger ein, wenn er die Frau mit der Kleinen auf der Damentoilette verschwinden sieht. Dass sie dort nun nicht etwa turnt, sondern einfach nur sehr menschlich einem Bedürfnis nachkommt, klärt sich dann vermutlich nach Erledigung des kleinen Geschäfts.

Nicht ganz so rätselhaft, aber irritierend genug, muss ihm bei einem freundschaftlichen Besuch die Aufforderung der Gastgeberin vorkommen, sich »na (hin) zom hocke(n)«. Er fragt sich gewiss, weshalb er sich unbequem hinkauern soll, wo doch genügend Sitzgelegenheiten vorhanden sind. Da ihm gleich eine solche hingeschoben wird, begreift er schnell: In Schwaben »hockt« man, wenn man »sitzt« – das klingt irgendwie auch gemütlicher. Deshalb nimmt er die Einladung zu einer »Hocket(s)e« auch sofort an: Er vermutet gar nicht erst, dass es sich um eine steife »Sitzung« handelt, sondern um ein »gemütliches Beisammensein«, bei dem es zu essen und trinken gibt. (Siehe auch die Ausführungen zum »Hockenbleiben« im Kapitel »Schule für Neuschwaben«, wo dem Begriff die Gemütlichkeit allerdings weitgehend fehlt.)

Überhaupt »sitzt« der Schwabe selten. Deshalb sollte der Emdener Raucher auch auf eine Überraschung gefasst sein, wenn ihn seine Stuttgarter Begleiterin mit der Zigarette in der Hand bittet, »(dr)aufsitzen« zu dürfen. Sie will es sich nicht etwa auf seinem Schoß gemütlich machen, sondern lediglich ihren Glimmstängel an seinem anzünden. Beide werden dann Rauch in die Luft »blasen«, was der Emdener eher dem Wind überlässt, während er in diesem Zusammenhang meist von »pusten« spricht.

Ein Nordlicht, den ein Württemberger Nachbar, dessen Pkw nicht mehr anspringt, darum bittet, ihm mal »schalten« zu helfen, setzt sich wahrscheinlich stracks hinters Steuer, um einen Gang einzulegen, nachdem der Anschieber dem Wagen die nötige Geschwindigkeit verliehen hat. In Wirklichkeit soll er selbst das Auto schieben, denn »schalten« kann im Schwäbischen durchaus dies bedeuten. Will derselbe Nachbar seinen »Schaltkarren« ausleihen, geht es um nichts anderes als um eine hochdeutsche »Schubkarre«.

Es gibt noch eine Menge weiterer tatsächlicher oder vermeintlicher Körperfunktionen und -tätigkeiten, deren wahre Bedeutungen dem »Südschweden« erst nach längerem Aufenthalt in Süddeutschland aufgehen. Manche Schwaben »schnaufen« nicht erst nach ausgedehntem Jogging, sondern schon beim ganz normalen »Atmen«. Sie »beugen« oder »beigen« Bettwäsche, Bretter oder sonstwas und nicht den Rücken oder die Knie oder gar Gesetze; sie »stapeln« diese Dinge, bis sie eine »Beug« oder »Beig« ergeben.

Und sie »heben« Sachen, wenn sie sie hochdeutsch »halten« – was einer der bekanntesten innerdeutschen »falschen Freunde« ist. Ein junger schwäbischer Vater, der bei der Geburt seines Jüngsten im Kreißsaal war, um seiner Frau beizustehen, wurde von Freunden gefragt, ob er denn etwas tun musste. »I hab bloß d'Hand ghobe«, gab er Auskunft und die anwesenden Norddeutschen waren sich einig, dass er bei der entsprechenden Ankündigung seiner Gattin die Hand emporgestreckt habe, um Hebamme und Arzt zu signalisieren: »Es ist soweit, ihr müsst kommen!« Irrtum: Tatsächlich hatte er der jungen Mutter die Hand »gehalten« und vernünftigerweise den Fachleuten die Entscheidung über den Zeitpunkt ihres Einsatzes überlassen.

Sogar der Torwart des VfB Stuttgart »hebt« den Ball, sofern er ihn »hält«, ein Kleidungsstück kann lang »heben«, das heißt intakt oder heil bleiben, und hinter der Abkürzung BH verbirgt sich in Württemberg eventuell ein »Büstenheber«.

Hebt ein Heilbronner wirklich etwas hoch, dann »lupft« er es. Dabei kann es ebenso um Gegenstände des täglichen Lebens gehen wie auch um »d'Fiaß« oder »de Hintere«, was denn soviel wie »Aufbrechen« bedeutet. Eigentlich müsste er vom »Wagen-« oder »Gewichtlupfer« sprechen, aber die entsprechenden »-heber« sind ihm gewissermaßen vom Hochdeutschen aufgedrängt worden und den »Tortenlupfer« gibt es wahrscheinlich deshalb nicht, weil dort die Kuchenstücke mit der »Kuchenschaufel« auf den Teller befördert werden.

Wer den Unterschied zwischen »heben« und »lupfen« begriffen hat, versteht den gut gemeinten Rat eines Schwaben an eine junge Dame richtig: »Mädle, heb dein Rock, sonst lupft en dr Wind!« Falls die Angesprochene aus Norddeutschland kommt, müsste er durchaus mit einer empörten Reaktion rechnen.

Käufliche Seelen und saure Räder

Schwäbisches Essen

Mit Ratlosigkeit, Belustigung, Befremden und – ja – Ablehnung und Ekel reagieren Nordlichter manchmal auf Gerichte der schwäbischen Küche und das, was Schwaben sonst so essen. Nein, natürlich in den meisten Fällen nicht auf die Speisen selbst, sondern auf ihre für ihn weitgehend unverständlichen Bezeichnungen. Denn das sei schon an dieser Stelle gesagt und zwar mit den Worten des Polyglott Sprachführers Schwäbisch: »Die schwäbische Küche ist herzhaft, sehr nahrhaft und kraftspendend – bekömmliche Hausmannskost. Ihre Raffinesse liegt weniger im kulinarischen Firlefanz als eben in der Qualität der Materialien und der Zubereitung.«

Ratlosigkeit befällt den Holsteiner sicher bei solchen Namen wie »Kutteln«, »Pfitzauf« oder »Wibele«. Aber derartige »Fremdwörter« sind in allen Regionalküchen zu finden, man denke nur an den Hamburger »Labskaus« oder den bayerischen »Pichelsteiner«. Sie sind an sich nicht geeignet, den potentiellen Essern schon im Vorfeld Appetit zu machen oder ihn zu verderben. Den Nicht-Schwaben, die nicht wissen, um was für Gerichte es sich dabei handelt, rate ich zu einem Blick in ein Kochbuch mit schwäbischen Rezepten: Es lohnt sich in jeder Hinsicht.

Nicht viel anfangen kann das Nordlicht sicher auch mit schwäbisch-kulinarischen Wörtern, deren Bedeutung er zwar ganz oder teilweise versteht, die er aber in diesem Zusammenhang nicht zu interpretieren weiß: »Schupfnudeln«, »Saitenwurst«, »Landjäger« oder »Ofenschlupfer« bleiben dem Uneingeweihten Bücher mit sieben Siegeln. Letzterer, »Ofenschlupfer«, wird in manchen Gegenden auch »Ofenschlüpfer« genannt, was mehr nach einem angewärmten Kleidungsstück klingt als nach einer Nachspeise. Die Form der »Schupfnudeln« ahnt derjenige immerhin, der ihren anderen Namen – »Bubenspitz« – schon mal gehört hat und weiß, welcher Knabenkörperteil damit gemeint ist.

Auch bei weiteren Gerichten stellen sich gewiss die falschen Assoziationen ein: Heißt ein »Schnitzbrot« »Schnitzbrot«, weil in seine Oberfläche Muster eingeritzt sind? Während ja ein »Zwiebelkuchen« tatsächlich ein kuchenartiges Gebilde ist, das zu einem Teil aus Zwiebeln besteht, sucht man die Kuchenform beim »Fleischküchle« vergebens (im bayerischen »Fleischpflanzerl« wird man die gesamtdeutsche Frikadelle noch mühsamer finden).

Was soll ein Bremer denken, dem in einer »Wirtschaft« – wie man im Schwäbischen abgekürzt die Gastwirtschaft nennt – eine »heiße Rote« empfohlen wird? Egal, ob er das Rot mit der Haarfarbe oder mit einer Parteizugehörigkeit identifiziert, es könnte sein, dass er annimmt, er sei in die falsche Art Lokal geraten und verzichtet lieber auf jeglichen Service. Oder ist enttäuscht, wenn er statt der erwarteten Dame eine seiner »Bockwurst« (im Grunde auch kein appetitanregender Name) ähnliche Spezialität vorgesetzt bekommt.

Wäre er in derselben Wirtschaft gefragt worden, ob er einen »Gaisburger Marsch« möchte, hätte er sich vielleicht nach einer Kapelle umgesehen, die ihm denselben blasen könnte. Ausnahmsweise sei verraten, um was für ein Gericht es sich dabei handelt und woher sein Name kommt: Die Unteroffiziere der Gaisburger Garnison – Gaisburg ist ein Stadtteil Stuttgarts – marschierten zu den Zeiten, als Württemberg noch ein Königreich war, an jedem Sonntag in eine dortige Wirtschaft, wo sie einen billigen Eintopf vorgesetzt bekamen. Man sagt, der Eintopf bestand aus den Essensresten der Woche – was für die schwäbische Sparsamkeit spricht, nicht aber gegen das Gericht.

Der – siehe oben – schmack- und nahrhaften schwäbischen Küche haben bei ihrer verdienten innerdeutschen Verbreitung mit Sicherheit einige der befremdlichen Bezeichnungen ihrer Spezialitäten im Wege gestanden. »Wat de Bur nech kennt, dat fret he nech«, sagt ein plattdeutsches Sprichwort, das sich dahingehend erweitern lässt, dass der Bauer auch nicht frisst, was sich für ihn seltsam anhört. »Fleischkäse« zum Beispiel ist für jeden Norddeutschen ein Widerspruch in sich, dem man mit Misstrauen begegnet. Daran hat auch der bayerische »Leberkäs« nichts geändert, den es da und dort in norddeutschen »Schlachtereien« (den dortigen »Metzgereien«) gibt, der aber auch die Frage aufwirft, wie man denn aus Leber (oder Fleisch) einen Käse herstellen könne.

Ein ähnliches Schicksal haben die »Maultaschen« erlitten, die der Norddeutsche mit seinem Begriff von »Maul« assoziiert: »Maul« ist oberhalb von Kassel ausschließlich Tiermaul und nur in negativen Wendungen zu finden (siehe: »Der grobe Schwabe«). Dass man sich die-

Seelen im Angebot

ser Tatsache im Schwäbischen durchaus bewusst ist, sieht man daran, dass ein bekanntes Stuttgarter Hotel und Restaurant auf seiner Speisekarte »Mundtaschen« und sogar »Mundtüten« verzeichnete. Dabei handelt es sich bei den Maultaschen um eine Art schwäbischer Ravioli, die für's (Menschen-)»Maul«, aber nicht aus »Maul« hergestellt werden.

Anders ist das beim »Ochsenmaulsalat«, der ja tatsächlich zum größten Teil aus dem Fleisch und den Knorpeln von Rindermäulern besteht. Gegen den haben die Norddeutschen gewissermaßen zu Recht ein »Aber« (sie lehnen ihn ab) und deshalb findet man ihn oberhalb des Mains höchstens in Spezialitätenläden. Ebenfalls nicht sehr Vertrauen erweckend klingen für nördliche Ohren so schmackhafte Dinge wie Presskopf, Schweinskopfsülze oder Schwartenmagen.

Andererseits: Steht nicht vielleicht auch dem norddeutschen »Grünkohl mit Pinkel« sein Name im Wege? Es ist zumindest auffällig, dass dieses durchaus wohlschmeckende Gericht den meisten Württembergern zwar bekannt ist, aber von kaum einem gegessen oder gar gemocht wird.

Völlig unbegründet würde sich der »Fischkopf« vor Ekel schütteln, wenn ihm ein schwäbischer Bekannter ankündigte, er mache schnell ein paar »Ochsenaugen« zum Abendessen. Dabei will der ihm nur Spiegeleier braten, die ja mit Rindviechern wahrlich nichts zu tun haben und auch im Aussehen deren Augen höchstens entfernt ähneln.

Einige der landestypischen Backwaren sind inzwischen auch im Norden eingebürgert. Brezeln kennt man zumindest, auch Laugenstangen und -brötchen wurden schon gesichtet. Wer aber in Hamburg jemandem erzählt, er wolle »Seelen« kaufen, der wird vielleicht nicht gleich für den Teufel gehalten, muss aber mit sehr befremdeten Blicken rechnen. Das Kümmelgebäck hat die nördlichen Gefilde nicht erobern können, ebensowenig wie ihre kleinen Schwestern, die Kimmicher.

So, wie man außerhalb der württembergischen Grenzen mittlerweile weiß, was »Spätzle« sind, so hat sich auch herumgesprochen, dass die Schwaben ihre Brötchen »Weckle« nennen. Was allerdings die Braunschweiger Bäckersfrau, die auch belegte Brötchen verkauft, hinter dem Wunsch »I hätt gern ein leeres Weckle!« vermutet, kann man nur ahnen – ein »hohles« vielleicht, eventuell auch eine süddeutsche Spezialität, die sie nicht kennt. Was gemeint ist: ein »trockenes« Brötchen, wie man hier zu »Schrippen« ohne Butter und jeglichen Belag oder Aufstrich sagt.

Sie wird gewiss auch aufs falsche Pferd setzen, wenn von ihr »Brödle« oder »Bredle« verlangt werden. Falls sie annimmt, dass hier eine Schwäbin den hochdeutschen Brötchen ihr heimatliches »-le« angehängt hat, irrt sie: Die hat Kekse haben wollen oder, falls es um die Weihnachtszeit ist, Weihnachtsgebäck. Richtiger liegt die Bäckerin aus Braunschweig, wenn sie hinter »süßen Stückle« etwas Süßes, Kuchenartiges vermutet; sie würde »Plunder« zu den »Amerikanern«, »Apfeltaschen« und »Schnecken« sagen, vermutlich jedoch irritiert sein, wenn jemand mit schwäbischem Akzent statt nach Letzteren nach »Schneckennudeln« fragte, was eher wie eine italienische Teigwarensorte klingt.

Umgekehrt käme sie niemals auf den Gedanken, dass sich hinter einem »Gsälzweckle« ebenfalls etwas Süßes verbirgt. »Gsälz«, das hört sich für sie nach Salz, nach »Geselchtem« (gepökeltem Fleisch) an, nicht aber nach dem, was es in Schwaben ist: Marmelade nämlich und das »Gsälzweckle« ist ganz profan ein Marmelade-Brötchen.

Zurück noch einmal zu den »Spätzle«, die inzwischen im Norden zumindest dem Namen nach so bekannt sind, dass sie zur näheren Definition des Schwaben dienen: »Spätzles-Schwob« ist neben »Schaffe-Schwob« die gebräuchlichste Wendung. Erstaunen, vielleicht sogar Bestürzung kann nur verursachen, wenn ein Ludwigsburger in einem Lokal in Sankt Peter-Ording »Spatzen« bestellt. Was er da gesagt hat, wird ihm mit Sicherheit bewusst, wenn die Bedienung sich erkundigt, ob es auch Hähnchen oder ein Putenschnitzel sein darf.

Ein paar andere schwäbische Spezialitäten werden wahrscheinlich dem Nordlicht, wenn es ihre Namen hört, den Mund zusammenziehen: »Sauerbraten«, »saure Nierle« oder »saure Kartoffelrädle« klingen saurer, als sie sind, werden aber tatsächlich mit einer Portion Essig gekocht, sodass der Name wenigstens von daher gerechtfertigt ist. Weshalb allerdings das Mineralwasser in Schwaben zum »sauren Sprudel« wird, ohne dass sich auch nur ein Tropfen der flüssigen Würze darin befindet, bleibt ein Geheimnis der Württemberger, für das sie auch nur die eine Erklärung haben: Es ist halt kein »süßer« oder »gelber Sprudel«, wie hier die »Zitronen-« oder »Orangenlimonade« heißen, die beide süß sind, sondern – ja – das Gegenteil, eben sauer. Wobei sich fragt, ob das stimmt und nicht »salzig« treffender wäre – aber »salzigen Sprudel« gibt es nicht.

Was die »Kartoffelrädle« sind, ist leicht erklärt, trotzdem aber dem Nicht-Schwaben nicht unmittelbar einsichtig: Hochdeutsch würde man »Kartoffelscheiben« sagen. Das kommt der Sache sicher näher als die an Fahrzeugreifen erinnernden »Räder«. Auch Wurst wird in Schwaben in »Rädle« geschnitten, die ein Niedersachse zwar kaum versucht wäre zu »rollen«, aber denn doch lieber als »Wurstscheiben« äße.

Entdeckt ein Tourist aus dem Norden ein weiteres Nationalgericht auf einer schwäbischen Speisekarte, nämlich »Linsen mit Spätzle und Saiten«, so verwundert ihn eventuell nicht so sehr die Zusammenstellung als vielmehr die Tatsache, dass die Einheimischen Saiten essen, seien es nun Klavier-, Gitarren- oder Tennisschlägersaiten. Er kennt die gemeinten zarten Würstchen nur als »Wiener« und wenn er sie je mit Linsen in einen Topf geworfen hat, dann höchstens in die entsprechende Suppe.

»Linsen« sagt der Schwabe, »ganget leis nei ond laut naus«, was sicher zutrifft, aber nichts damit zu tun hat, dass er die »Linsen mit Spätzle und Saiten«, die er in einer Wirtschaft vorgesetzt bekommt, unter Umständen »leis« finden kann – »fad« halt, zu wenig gewürzt und die ihm deshalb nicht schmecken.

Fragt ihn jedoch der aus Schleswig-Holstein eingewanderte Mitbürger vom Nachbartisch, ob's »schmeckt«, so könnte er ihm auf gut schwäbisch antworten: »Wenn's schmecke tät, tät i 's it esse!« Die Irritation des Neu-Schwaben muss man verstehen: Wie kann jemand etwas nicht essen wollen, das schmeckt? Er weiß eben nicht, dass »schmecken« im Schwäbischen »schmecken«

und »riechen« bedeutet und der Mann in Wirklichkeit gemeint hat, er würde die Speise ablehnen, wenn sie einen (schlechten) Geruch hätte.

Es käme im Übrigen auf das Gleiche hinaus, wenn in diesem Zusammenhang von einem »Gschmäckle« gesprochen würde. Das Wort wird allerdings überwiegend im übertragenen Sinne verwendet, etwa auf Vorgänge in Politik und Wirtschaft, bei deren Durchführung nicht alles mit rechten Dingen zuging, die »anrüchig« waren. Begebenheiten mit »Gschmäckle« existieren im politischen Bereich zur Genüge, und in einigen Fällen haben die Wähler den Parteien auch gezeigt, dass sie ihnen stanken.

Die zweite Bedeutung von »schmecken« macht im Übrigen den Reigschmeckten zu jemandem, der ins Ländle »reinschnuppert« – was dem Nordlicht durchaus geläufig – und nicht zu jemandem, der seine neue Heimat gewissermaßen mit der Zunge erkundet oder sie gar auf ihr zergehen lässt.

Fünf Minuten vor drei viertel sieben

Die Zeit in Schwaben

Pünktlichkeit sei die Höflichkeit der Könige, hat ein bedeutender Mensch gesagt, aber nicht berücksichtigt, dass mancher König bei Staatsbesuchen vielleicht unabsichtlich unhöflich gewesen ist, weil er die Gepflogenheiten des Gastlandes nicht kannte.

Insofern fühlt sich mancher ins Schwabenland Reigschmeckte manchmal wie ein König. Wenn er dort zum Beispiel zum Nachtessen eingeladen wird, dann wundert er sich wahrscheinlich zuerst einmal, dass man hier in der Nacht noch isst – auf jeden Fall aber irrt er in Bezug auf den genauen Zeitpunkt, zu dem er erwartet wird. Oberhalb des Mains beginnt die Nacht nämlich nicht früher als um 21 bis 22 Uhr und entsprechend spät erscheint der Geladene bei seinen schwäbischen Gastgebern. Zu spät, denn er sollte um etwa 18 Uhr kommen, sonst ist das Essen kalt – und die Begrüßung zumindest unterkühlt.

Der frühe Beginn der schwäbischen Nacht ist umso erstaunlicher, als »nacht« auch dunkel bedeutet. In einem Zimmer, dessen Rollos heruntergelassen sind, kann es am helllichten Tag »nacht« sein. Und an weit weniger als der Hälfte der Tage eines Jahres ist es schon um sechs Uhr abends so dunkel, dass man auch in diesem Sinne von einer Nacht sprechen kann.

Weshalb es im Ländle im Übrigen »kuhnacht« ist, wenn man die Hand vor Augen nicht sieht, können selbst

Dialektforscher nur unvollkommen erklären: Der Volksmund wolle damit ausdrücken, dass es finster sei wie im Innern einer Kuh – als wenn sich irgendjemand je im Innern einer Kuh aufgehalten hätte.

Nachmittag und Abend fallen in Schwaben praktisch aus, was sich auch grußmäßig niederschlägt, denn die norddeutschen »Guten Tag« und »Guten Abend« (und auch das »Guten Morgen«) werden weitgehend durch das allgegenwärtige »Grüß Gott« ersetzt (mit dem man im Norden immer noch die Aufmerksamkeit eines vollbesetzten Restaurants erregen kann oder im Fahrstuhl als Gegengruß die Bemerkung, so hoch wolle man gar nicht).

Außer »Grüß Gott« hält sich nur das »Gute Nacht«, das jeden Norddeutschen an die Zeiten der Kindheit erinnert, weil er es im Schwäbischen schon am späten Nachmittag oder frühen Abend zu hören bekommt. Im Norden wünscht man sich im Übrigen »Gute Nacht« eigentlich nur unter Verwandten und Freunden unmittelbar vor dem Schlafengehen. Als allgemeiner Gruß gegenüber Fremden ist es ungebräuchlich und wird unter Umständen als indiskretes Eindringen in die Privatsphäre interpretiert.

Intimere Bereiche glaubt ein Hannoveraner garantiert verletzt, wenn er mit einer Bekannten ein schwäbisches Lokal verlässt und die Wirtin ihnen zum Abschied nachruft: »Und schlofet guat mitnander« (oder »zsammen«). Was er als frivole Anspielung versteht, bedeutet nichts anderes als »Ich wünsche euch beiden einen guten Schlaf!« und wird ohne jeden Hintergedanken ausgesprochen.

Noch früher als die Nacht selbst beginnt die Zeit, in der man in Schwaben etwas »auf d'Nacht na« tun kann, zum Beispiel Tabletten einnehmen. »Auf die Nacht hin« kann bereits um vier Uhr nachmittags etwas passieren.

Eine entsprechende Wendung wurde einem Erlanger Professor vor Jahren zum Verhängnis, allerdings in Tirol, wo die Tages- und Nachtzeiten ähnlich eingeteilt zu sein scheinen. Er unternahm gegen Mittag eine Bergtour und wurde unterwegs von der Bergwacht gewarnt: »Seien Sie vorsichtig, dort hinten wird auf d'Nacht gesprengt!« – »Bis dahin bin ich längst zurück!«, antwortete der Gebirgstourist und marschierte weiter. Als er um halb vier in die betreffende Gegend kam, erfolgte die angekündigte Sprengung, er wurde von einem Felsbrocken am Kopf getroffen und starb noch am Unfallort.

Auch der schwäbische Mittag gibt immer wieder Anlass zu Verwechslungen, vor allem aber zu dem Verdacht, der Schwabe sei unpünktlich und unzuverlässig – beides Eigenschaften, die ihm ein Gräuel sind und die man ihm auch kaum nachsagen kann – im Gegenteil.

Jahrelang musste sich eine Tübinger Studentin, die nur am Wochenende nach Stuttgart zur Mutter fuhr, den Vorwurf gefallen lassen, sie käme immer zu spät – ohne sich einer Schuld bewusst zu sein. Auf die mütterliche Frage zum Abschied, wann sie denn am nächsten Freitag komme, hatte sie jedes Mal »mittags« geantwortet – nicht ahnend, dass deshalb schon um zwölf Uhr ein warmes Essen auf sie wartete, während sie etwa die Zeit des Nachmittagskaffees gemeint hatte. Die Mutter, eine gebürtige Berlinerin, die schon lange im Ländle lebte, hatte immer noch die heimatliche Mittagszeit, ihre in Schwaben aufgewachsene Tochter jedoch die »Ortszeit« im Kopf, nachmittags eben, also 15 oder gar 16 Uhr.

Während sich – wie gesagt – diese Geschichte tatsächlich zugetragen hat, beruht die Vermutung, dass unter den in der Nordsee ertrunkenen Wattwanderern viele Schwaben befinden, auf reiner Spekulation. Aber es könnte ja durchaus sein, dass sich schwäbische Feriengäste in Sankt Peter-Ording bei einem Einheimischen erkundigen, wann denn die nächste Flut zu erwarten sei, und er kurz und knapp »Mittags!« als Auskunft erteilt. Wenn sie ihren heimatlichen Zeit-Maßstab anlegen und trotzdem nach dem Frühstück zu einer Wattwanderung aufbrechen, kann es für sie tragisch enden. Weil sie die Flut erst drei, vier Stunden später erwarten, ertrinken sie nicht nur jämmerlich, sondern müssen es sich posthum eventuell auch noch gefallen lassen, dass man sie als leichtsinnig bezeichnet.

Verwirrung stiftet bei Nordlichtern auch das schwäbische »Viertel«. »Viertel sieben« verwechseln sie mit ihrem »Viertel vor« oder »nach sieben« und finden sich unter Umständen eine halbe oder gar eine ganze Stunde zu spät am verabredeten Ort ein. Dagegen rufen wieder so kompliziert klingende Terminierungen wie »fünf Minuten vor drei viertel sieben« oder »sieben Minuten nach viertel elf« Verwunderung hervor, erfordern sie doch bei einem Niedersachsen im Gegensatz zu seinem analogen »zwanzig vor sieben« oder »zehn Uhr 22« zusätzliche Kopfarbeit.

Natürlich ist es auch möglich, dass umgekehrt der Schwabe eine norddeutsche Einladung um »viertel nach acht« zu einem Glas Wein missdeutet und zwar in zweierlei Hinsicht: Einmal würde er, wenn er »viertel acht« verstanden hat, eine Stunde zu früh an der Haustür klingeln (schwäbisch: »schellen«) und die Familie noch beim Abendessen vorfinden und glauben, er sei zu spät dran, zum andern hätte er eine spezielle nördliche Finesse nicht verstanden und müsste eine Stunde länger mit hungrigem Magen Konversation machen, weil er selbstverständlich um die von ihm angenommene Zeit ein Nacht-»Essen« erwartet hat, während seine Gastgeber zu dieser späteren Zeit tatsächlich nur zu einem oder zwei Gläsern Wein und höchstens ein paar Salzstangen eingeladen hatten.

Norddeutsche und Schwaben können sich aber nicht nur um Stunden, sondern sogar um Tage, Wochen und Monate, ja, bis zu einem Jahr verfehlen. Grund dafür ist die feine Unterscheidung mit Hilfe von »diese/r« und »nächste/r«, die nördlich des Mains nicht sorgfältig beachtet wird. Wer im Ländle am Dienstag einer Woche vom »nächsten Donnerstag« spricht, der meint nicht übermorgen, sondern den Donnerstag der nächsten Woche, also den in neun, nicht den in zwei Tagen. Letzterer wäre »dieser Donnerstag«, obwohl er ja eigentlich der nächstfolgende ist.

Auf ähnliche Weise kann aus einer 28 Jahre alten Schwäbin für einen Hamburger schnell eine Beinahe-Dreißigerin werden, wenn sie nämlich im März erzählt, sie habe »nächsten Juni« einen runden Geburtstag und ihr Zuhörer meint, das sei schon in »diesem« Jahr. Das könnte immerhin zur Folge haben, dass er ihr zweimal ein Jahrzehntgeschenk machen muss – gewissermaßen als Ausgleich für die ein wenig ungalante Fehleinschätzung.

Aber außer unterschiedlichen Tages- und Uhrzeiten hält das Schwäbische für den »Fischkopf« noch weitere terminliche Überraschungen parat, die ihn auf die eine oder andere Art verwirren. Wenn er zum Beispiel in einer württembergischen Amtsstube auf seine Frage, wann er wiederkommen solle, um den Zuständigen anzutreffen, die Auskunft erhält »Am besten bis um drei« und er erscheint seiner Meinung nach pünktlich vor 15 Uhr, so ist es durchaus möglich, dass der fragliche Mitarbeiter immer noch nicht am Platz ist – und das vielleicht sogar mit gutem Grund: »Bis um« heißt im Schwäbischen auch »ungefähr um« – und das kann unter Umständen nach der angegebenen Uhrzeit sein.

Die Auskunft »Der Kollege kommt grad!« hätte ihn gewiss vollends desorientiert, da das nach seinem Verständnis bedeutet, dass der Erwartete bereits auf dem Gang zu hören sei, während doch »gleich« oder »bald« gemeint ist.

Überhaupt »bald«: Das Wort ist nicht nur zu steigern und der Kollege könnte »vielleicht auch bälder« – »früher« als erwartet – erscheinen, sondern es wird auch wie »fast«, »beinahe« gebraucht. So kann ein Glas »bald voll« und das Fußballleder »bald im Tor« gewesen sein.

Wenn man einen schwäbischen Beamten fragt, wie er denn seinen Haupt- und seinen Nebenjob zeitlich schaffe, und er antwortet, dass er die Nebentätigkeit »vorne zu« erledige, dann könnte ein Holsteiner voller Hochachtung annehmen, er beginne damit in aller Herrgottsfrühe vor Dienstantritt. In Wirklichkeit bedeutet, was wie »vorher« klingt, »nebenher«, »gleichzeitig« und heißt im Klartext, dass unser Staatsdiener ein paar Mark nebenbei von seinem amtlichen Schreibtischsessel aus verdient.

Vielleicht hat er die Zeit, weil er »afange so langweiligs Zeug zum do (tun)« hat, was nicht meint, er habe damit erst »angefangen«, sondern, was vielleicht noch schlimmer ist, er ist »dauernd« mit Derartigem beschäftigt und braucht deshalb eventuell ein bisschen Abwechslung.

’s Schaffe ischt a Gschäft

Über das wichtigste Wort der Schwaben

Er wisse jetzt, weshalb die Schwaben so wohlhabend sind, erzählte ein Lüneburger seinem Freund nach einem Verwandtenbesuch in Kornwestheim. »Jeder von ihnen hat ein Geschäft – da muss ja Geld reinkommen!« Wie er denn darauf käme, fragte der Freund skeptisch – das könne ja wohl kaum sein, da müssten die schwäbischen Dörfer und Städte doch fast nur aus Geschäften bestehen.

Ihm sei das, antwortete unser Lüneburger, anfangs auch komisch vorgekommen. Aber sowohl sein Schwager als auch dessen Freunde, Bekannte und Verwandte wären, wann immer er sie fragte, ins »Geschäft« gegangen oder im »Geschäft« gewesen oder aus dem »Geschäft« gekommen und alle hätten viel »Geschäft« gehabt. Er habe sich auch einige Male erkundigt, was sie denn verkauften, aber da hätten sie meist nur gelacht und in ihrem unverständlichen Schwäbisch irgendetwas wie »verkaufet nix« und »schaffet do« gesagt – und einer habe gemurmelt: »Dybisch Fischkopf, die verschtandet nix!«

Zur Entschuldigung des Lüneburgers muss festgestellt werden, dass in Norddeutschland ein »Geschäft« vor allem ein Laden ist, der Waren irgendwelcher Art anbietet. Außerdem bezeichnet man dort so den Abschluss eines Handels – sei es nun mit ebensolchen Waren, Dienstleistungen und anderen Dingen. Wer etwas günstig eingekauft oder verkauft hat, hat ein »gutes Geschäft« gemacht. Allerdings kann auch ein Ingenieur »geschäftlich« unterwegs sein, eine »Geschäftsreise« machen, ohne mit etwas zu handeln. (Ein Beamter befindet sich im selben Fall auf »Dienstreise«.)

Die Kornwestheimer verbrachten den Tag nicht in ihren Läden, sondern sie waren bei der »Arbeit« – egal welcher Art die Beschäftigung war, die sie dort ausübten. »Gschäft« kann ebenso in einem Büro wie auch in einer Werkstatt oder der Fertigungshalle einer bekannten ortsansässigen Schuhfirma stattfinden. »Gschäft« ist nicht der Ort wo, sondern das, was »gschafft« wird.

Was aber unser Mann – eher unbewusst – im Grunde richtig mitbekommen hatte, war die Tatsache, dass »G(e)schäft« in Schwaben ein zentraler Begriff ist, der – und das dazugehörige »Schaffen« – fast bei jeder Unterhaltung irgendwann einmal eingeworfen wird. Diesen Aspekt der schwäbischen Seele haben alle, die sich ernsthafter mit ihr befassten, mehr oder weniger ausführlich berührt, so dass er an dieser Stelle nicht noch einmal eingehender behandelt werden muss. (Anmerkung: Ich verweise besonders auf das Kapitel »Schaffa, schaffa« in »Deutschland deine Schwaben« von Thaddäus Troll.)

Es reicht festzustellen, dass ein Großteil der Beurteilungen von Mitmenschen und der eigenen Befindlichkeit mit Hilfe von »Gschäft« und vor allem »schaffen« vorgenommen und ausgedrückt werden. So ist die wohl abfälligste Bemerkung, die man über einen Menschen machen kann: »Der schaffet nix!« (was die Schwaben fast einhellig von den Beamten behaupten, es sei denn, sie seien selbst welche) und die wohl rühmlichste: »Des isch e Schaffer!«, vielleicht sogar gesteigert zum »Allmachtsschaffer«.

Weil im Norden das Wort »schaffen« vor allem in Bezug auf die Beendigung und den Erfolg einer Tätigkeit verwendet wird, kann es zu falschen oder zumindest schiefen Interpretationen schwäbischen Schaffens kommen. So muss der, der »nix schaffet« für ein norddeutsches Verständnis kein Faulenzer sein, er kann sich sogar sehr und intensiv mühen – aber er »schafft es halt nicht«, es gelingt ihm selten etwas.

Im Grunde beruht auch die richtige Einschätzung des Stellenwerts von »schaffen« auf einem Missverständnis: Weil nur Gott und Künstler bei den Nordlichtern »schaffen« oder »schöpfen«, glauben sie, dass die Württemberger ihrer beruflichen und nebenberuflichen Tätigkeit eine hohe, wenn nicht gar eine zu hohe Bedeutung beimessen – was diese ja auch tun, allerdings ohne sich göttlich oder künstlerisch zu fühlen.

Ursprünglich wurde »schaffen« im Übrigen nur für körperliche Arbeit verwendet, inzwischen ist es jedoch auf alle »Schaffens«-Bereiche ausgedehnt worden – selbst auf die hochgeistigen. Das beweist die Anekdote, die über den bekannten Tübinger Philosophen Walter Schulz kursiert: Der saß, da er nicht so exotisch wie seine Wissenschaft, sondern eher volksnah war, in seiner Kneipe am Stammtisch, als ein Reigschmeckter einen der anderen Viertelestrinker, fragte, wer denn der offensichtlich gebildete Herr sei, worauf der wahrheitsgemäß antwortete: »Desch dr Walle, der schafft bei der Uni«.

Der Norddeutsche kennt das »Schaffen« im schwäbischen Sinne eigentlich nur vom Hörensagen – und das meist auch nur durch die Redewendung »Schaffe, schaffe, Häusle baue«. Was immerhin dazu geführt hat, dass neben dem »Spätzles-Schwob« noch der »Schaffe-Schwob« in seinen Spitznamenbestand für Volksstämme eingegangen ist. Er selbst schafft im Grunde gar nicht, vielmehr »arbeitet« er. Es kann sein, dass er, wenn er seine »Arbeit« geschafft hat, »geschafft ist«, aber – wie gesagt – vom »Arbeiten«, nicht vom »Schaffen«.

Weil die Schwaben das wissen, wird es sie zwar nicht irritieren, wenn der Reigschmeckte fortwährend von »Arbeit« spricht, was bei ihnen ausschließlich »Anstrengung« und »Mühe« und noch einiges andere Negative bedeutet. Unterschwellig werden sie aber vielleicht auf seine Einstellung zu diesem wichtigen Bestandteil des menschlichen Lebens schließen: Wer von vorneherein nur die Beschwernis seines »Schaffens« betont, kann sie nicht achten oder gar lieben – wie sie es tun.

Ein weiterer Beleg dafür, welche Rolle das »Schaffen« im schwäbischen Alltag spielt, ist die Anzahl der Ableitungen von diesem Begriff, die manchmal ebenfalls zu kommunikativen Irritationen führen. Da kann einer »schaffig« (fleißig) sein, sich sogar »verschaffen« (überarbeiten) und »verschaffte« (abgearbeitete) Hände haben. Wenn er sich »abschafft« (abarbeitet), trägt er eventuell dazu bei, dass er sich selbst oder seine Stelle »abschafft«. Entsprechend sieht mancher »abgschafft« aus. »Gschaff« allerdings hat einen negativen Beiklang: Gemeint ist im Grunde sinnlose oder gar überflüssige Arbeit zum Beispiel von jemandem, den man in Bayern einen »Gschaftelhuber« nennen würde und der sich damit vor allem wichtig tun will.

Wenn der Schwabe »schäfflet«, denkt ein Hochdeutschsprecher wahrscheinlich, dass er besonders hart arbeitet, um damit besonders viel zu verdienen, Geld zu

Controlling
Value

»scheffeln«. Fast das Gegenteil ist der Fall: Es ist dies eine Bezeichnung für die Tätigkeit, die man in Schwaben erledigt, wenn man nicht offiziell »schafft«. Zumeist geht es um leichtere, angenehmere Arbeit, die es in Haus und Garten zu tun gilt. Den Norddeutschen könnte allerdings der Verdacht beschleichen, dass es sich um jegliche Beschäftigung handelt, die ein Schwabe außerhalb der beruflichen Arbeit verrichtet – und dazu gehören eventuell auch Zeitung lesen, Fernsehen und Kartoffelchips knabbern.

Seltsam ist die spezielle Verwendung des Wortes, das neben »Gschäft« und »schaffen« den Württemberger am besten charakterisiert: »Fleiß«. Wenn der nämlich etwas »mit Fleiß« tut, dann tut er es nicht emsig, eifrig – eben fleißig – sondern »absichtlich«, mit Vorbedacht. Nur ein Schwabe kann »mit Fleiß« faul sein oder gar nichts machen – aber das darf keinesfalls so ausgelegt werden, dass er auch »schafft«, wenn er nicht »schafft«.

Zugegeben: Die Schwaben sind fleißige Leute. Aber manchmal scheinen sie, wenn es um das »Schaffen« und das »Gschäft« geht, den Bogen denn doch ein wenig zu überspannen: Sogar Kinder tätigen schon große und kleine »Gschäftle« auf dem Töpfchen.

Unzählige Sprüche, Sprichwörter und Redewendungen singen ein Lob auf die schwäbische Schaffenskraft. »Wie ma schafft, so isst ma!« zum Beispiel adelt jeden Vielfraß zum emsigen Arbeiter. Eine böse Zunge hat einmal gesagt: »Wenn die Schwaben in der Zeit, in der sie vom Schaffen reden, schaffen würden, würden sie viel mehr schaffen!«

I mog di ganz saumäßig!

Schwäbische Liebe

Die sensibelste aller Beziehungen, das weiß man, ist die zwischen zwei Liebenden. Und da sie so sensibel ist, besteht ständig die Gefahr, dass sie an Missverständnissen und Irrtümern zerbricht, auch an sprachlichen. Stammen die beiden aus verschiedenen (Aus-)Ländern, ist die Sache eigentlich schwieriger – aber sie wissen wenigstens, dass alles diffizil ist und sie sich um gegenseitiges Verständnis und Verstehen bemühen müssen.

Fast hinterhältig ist es dagegen, wenn unsere Liebenden harmonieren – gefühlsmäßig und mit Worten – und dann sagt oder tut einer von ihnen etwas, was den anderen aus allen Träumen reißt, was ihn enttäuscht, ihm den Partner entfremdet. Zwischen Nord- und Süddeutschen können es durchaus wieder die »falschen Freunde« sein, die im günstigsten Fall nur für vorübergehende Verwirrung sorgen.

Überhaupt ist es schon ein kleines Wunder, wenn sich ein Nord- und ein Südlicht gefunden haben. Alles, was über die Tages-, Wochen- und sonstigen Zeitunterschiede gesagt wurde, kann sich auch hier auswirken und schon das erste Rendezvous und nachfolgende Treffen vereiteln oder zumindest das Vertrauen in die Pünktlichkeit und Zuverlässigkeit des anderen schmälern.

Man muss sich zum Beispiel nur ausmalen, was in einer Kieler Studentin vorgeht, wenn ihr schwäbischer Kommilitone verspricht, sie »mittags« abzuholen und erst um drei Uhr erscheint – ohne die Spur eines schlechten Gewissens zu zeigen oder sich gar zu entschuldigen. Oder wie eine sittenstrenge Osnabrückerin auf die Einladung eines Sindelfinger Kollegen zum »Nachtessen« reagiert? Sie wird das wahrscheinlich für ein mehr oder weniger unverhülltes Angebot eines pikanten Imbisses mit möglicher Verlängerung bis zum nächsten Morgen halten und es, da sittenstreng, zumindest beim ersten Mal ablehnen.

Falls er daraufhin fragt, ob er denn wenigstens bei ihr »lang« kommen könne, wird sie dies »lang« eventuell irritieren, weil ja nicht klar ist, ob sie ihn lang oder kurz in ihrer Wohnung ertragen will. Sagt sie gnädig: Ja, er könne »vorbei« kommen, hält er das womöglich für eine Ablehnung, denn »vorbei« ist nicht »hinein« und mit einem Zuwinken von der Straße möchte er sich vermutlich nicht begnügen.

Nun aber zu den eigentlichen Missverstehensmöglichkeiten, die dann besonders tragisch sind, wenn es sich eigentlich um ausgesprochene Nettigkeiten handelt. Der Schwabe, der seiner blonden Angebeteten seine Bewunderung für ihre Fähigkeit, flüssig, unterhaltsam und geistreich zu reden, ausdrücken will und ihr »nett's Gschwätz« lobt, der kennt halt nicht den im Norden ausschließlich negativen Beiklang von »schwätzen« und ahnt nicht, dass sie glaubt, er charakterisiere sie gleichsam als freundliches Klatschweib (siehe hierzu das Kapitel »Schwätzen und Reden«).

Wenig Erfolg hat er auch mit den Komplimenten, sie habe »saubere Fiaß« und sei überhaupt ein »sauber's Mädle«. Da sie »sauber« ausschließlich in der Bedeutung von »rein«, »reinlich« kennt, kann sie zu dem Schluss gelangen, er habe das zuvor von ihr eigentlich nicht angenommen.

Erst in einem fortgeschrittenen Stadium der Beziehung wird er vielleicht ihr »nett's Ärschle« (»nett« im Sinne von »hübsch«!) würdigen, womit er vermutlich ebenso wenig bei ihr ankäme wie mit der Beantwortung ihrer Frage, ob er sie liebe, mit einem »saumäßig!« oder »wie d'Sau!«. Während sie im günstigsten Fall »nett's Ärschle« mit »ganz netter Hintern« übersetzen würde, was in ihrer Heimat durchaus ein »ganz schön dickes Hinterteil« bedeuten kann, dürfte er mit Erklärungs- und Entschuldigungsversuchen seiner »saumäßigen« Liebe trotz einigen Zeitaufwands und großer Überredungskunst eventuell erfolglos bleiben. (Näheres hierzu in den Kapiteln »Der grobe Schwabe« und »Die schwäbische Anatomie«.)

Hätte sie verbal die Initiative ergriffen und ihm ein »Ich liebe dich!« ins Ohr geflüstert, wäre ihr ein gewisser Frust auch nicht erspart geblieben. »I mog di au ganz arg!« wäre mit ziemlicher Sicherheit die Entgegnung gewesen, was ihr fast wie ein Rückzug geklungen hätte, denn »mögen« kann man oberhalb des Mains ganze Damenfußballmannschaften, ohne dass diese daraus irgendwelche Berechtigungen ableiten würden oder könnten. Und »arg« kennt man oben in Deutschland nur in Zusammensetzungen wie »Argwohn« oder »arglistig« – die sich zur Liebe bekanntlich wie Feuer zum Wasser verhalten (was das Wort »arglos« nur bestätigt). Auf jeden Fall glaubt sie nun, er liebe sie nicht besonders – vielleicht das Ende einer hochdeutsch-schwäbischen Partnerschaft.

Dabei ist »mögen« das Äußerste, was Schwaben füreinander empfinden können. Nur im Hochdeutschen »liebt« man sich – und das erscheint dem Schwaben übertrieben. Schon Thaddäus Troll stellte fest: »Das Wort Liebe ist im Schwäbischen ungebräuchlich.« Und: »Ich liebe dich!« klinge »theatralisch, also unglaubwürdig«, weswegen er die Frau eines Tübinger Professors, die diese drei Wörter bei ihrem Mann vermisste, mit der Frage verblüffte: »Hat Ihr Mann noch nie zu Ihnen gesagt: ›Fahr vorsichtig!‹?« Die Dame musste zugeben: »Doch, das sagt er immer, wenn ich wegfahre.« Und Troll: »Sehen Sie, das bedeutet in unserer Sprache: Ich liebe dich.«

So meinte es kürzlich wohl ein Ehemann, dessen Frau die Türen und Fensterrahmen der ehelichen Wohnung abgelaugt, ausgebessert und frisch gestrichen hatte. Als sie ihn eines Abends beim gemeinsamen Fernsehen auf eine besonders attraktive Schauspielerin aufmerksam machte, sagte er nur leichthin: »Ob die auch Türen ablaugen kann?« Eine Wilhelmshavenerin hätte diese Feinheit bestimmt nicht angemessen verstanden, aber da die Dame Schwäbin war, wusste sie dieses Zeugnis von Zuneigung sehr wohl einzuordnen und berichtete gern und oft davon.

Der vermeintliche – und tatsächliche – Hang zur Untertreibung in Liebesdingen könnte den Schwaben leicht dem Verdacht aussetzen, dass er bei Partnerwahl und Eheschließung eher praktische Erwägungen in den Vordergrund stelle als Zuneigung und Erotik, zumindest Achtung. Diese Ansicht könnte dem Außenstehenden durch die Bezeichnung, mit der viele Württemberger von ihren Frauen sprechen, bestätigt werden. Als vor einiger Zeit im Fernsehen über den »neuen Mann« diskutiert wurde –

den also, der angeblich für Kinder, Küche und Karriere gleichzeitig da ist – tat ein deutlich schwäbelnder Mitstreiter kund, er spreche grundsätzlich die Rollenverteilung in der Familie mit seinem »Weib« ab. Es folgten erstaunte Blicke, verlegenes Lachen und einzelne empörte Ausrufe – und schon war der Schwabe in der Runde als Macho abgestempelt, der bestimmt seine Frau gering achte und ihr wahrscheinlich ein Hausmütterchendasein aufgezwungen habe.

Im Norddeutschland hat »Weib« einen ausgesprochen negativen Beiklang, heißt mindestens »böses Weib«, wenn nicht gar Schlampe, und wer seine Frau so nennt, kann nicht viel von ihr halten. Dort tut sich ein Religionslehrer schwer, seinen Schülern zu erklären, weswegen Jesus bei der Hochzeit von Kana zu seiner Mutter Maria sagt: »Weib, was habe ich mit dir zu schaffen!«

In Schwaben ist »Weib« ein durchaus gebräuchliches Wort für »Ehefrau«, und es wird sogar gesagt, dass es besonders vertraulich, ja zärtlich gemeint ist. Wenn in einigen Regionen die Ehefrauen von ihren Männern als »Gatten« sprechen, trägt dies sicher nicht zur Begeisterung von Feministinnen für Dialekte bei, zeigt aber, dass in Mundarten nicht nur der vulgäre Wortschatz des Schriftdeutschen zu finden ist, sondern auch sein vornehmeres Vokabular.

Die Schwaben können es sich im Übrigen leisten, auf »Weib« als Schimpfwort zu verzichten – es gibt sicher keinen Dialekt in Deutschland, der mehr negative Bezeichnungen für »böse Weiber« jeglicher Art besitzt (Beispiele finden sich im Kapitel »Der grobe Schwabe«).

Was den schwäbischen Sex anbetrifft, so gehen die Meinungen darüber ziemlich auseinander. Thaddäus

Troll versucht in zwei Kapiteln seiner Schwaben-Bücher wort- und argumentreich nachzuweisen, dass der Begriff ein Widerspruch in sich sei. Wie es sich in Wirklichkeit damit verhält, werden die Württemberger selbst am besten wissen. Schließlich sind seit der Entstehung der Troll-Werke dreißig und mehr Jahre vergangen.

Auf jeden Fall ist es bestimmt kein Beweis für ihre Verklemmtheit, dass die Lücke zwischen zwei nebeneinander stehenden Ehebetten »Gräbele« heißt – »Graben« also, der vielleicht nur mit Mühe zu überwinden ist. Ebenso wenig stellt der oft Paaren entbotene Abschiedsgruß »Und schlofet au gut mitnand(er)« einen Beleg für das Gegenteil dar – ihnen wird nur gemeinsam eine geruhsame Nacht gewünscht.

Schon gar kein Hinweis auf schwäbische Frivolität wäre der deutlich empörte Ausruf einer Frau während der Auseinandersetzung mit einem männlichen Wesen: »Da hast du mich ganz schön gfickt!« Dieses in der Hochsprache verpönte F-Wort hat im Schwäbischen einige weitaus weniger unanständige Nebenbedeutungen: In dem geschilderten Zusammenhang würde man es mit »hereinlegen«, »betrügen«, »hinters Licht führen« übersetzen, es kann aber auch »jucken« im ursprünglichen und übertragenen Sinne (»Das juckt mich nicht!«) bedeuten.

Zu den üblichen zwischenmenschlichen Schwierigkeiten in Ehe und Partnerschaft kommen bei den norddeutsch-schwäbischen Verbindungen – wie man gesehen hat – noch die sprachlichen. Vielleicht halten sie deshalb besser, weil diese Paare mehr als üblich miteinander reden müssen – und sei es auch nur, um Missverständnisse aufzuklären und zu beseitigen.

Gscheit oder Gscheidle?

Schule für Neu-Schwaben

Für Erwachsene ist der Wechsel in ein anderes Bundesland schon schwierig genug – wie viel mehr für die dialektunerfahreneren Kinder, vor allem die Schulkinder. Auf einmal verstehen sie nicht nur den Unterrichtsstoff kaum noch, weil der in allen Bundesländern unterschiedlich aufgebaut ist, sondern auch ihre Klassenkameraden, weil die, zumindest im privaten Umgang, einen weitgehend unverständlichen Slang sprechen.

Der kleine Emdener, dem man in der Schule beigebracht hat, er müsse dem Lehrer »gehorchen«, soll ihm in Reutlingen nun auf einmal »folgen«. »Wohin?«, wird er fragen und sich vielleicht ratlos ausmalen, wie er und die Mitschüler im Gänsemarsch hinter dem Lehrer herspazieren.

Eventuell hört er mit Erleichterung, dass er zum Schuljahresende »Noten« bekommt, signalisieren die ihm doch eine gewisse musikalische Beschwingtheit und damit Lockerheit. Bald muss er allerdings die Erfahrung machen, dass sie genau seinen bisherigen strengen »Zensuren« entsprechen, wenn auch der »Fünfer«, über den sich der schwäbische »Bub« (ein Begriff, den er bisher nur aus dem Kartenspiel kannte) ärgert, harmloser klingt als die norddeutsche »Fünf«. Möglicherweise hat er eine »Notenkonferenz« anfangs für eine Orchesterprobe der Lehrer gehalten, was natürlich eine angenehmere Vorstellung ist.

Dass sein »Tornister« ein »Ranze(n)« sein soll, muss er hinnehmen, war ihm doch in seiner friesischen Heimat ein solches Wort höchstwahrscheinlich unbekannt. Wenn er jedoch mitbekommt, dass auch der Bauch des Religionslehrers als »Ranzen«, gegebenenfalls als »fetter Ranzen«, bezeichnet wird, verwirrt ihn das verständlicherweise, trägt man doch die beiden Ausbuchtungen gewöhnlich auf entgegengesetzten Seiten des Körpers. Als ihm dann noch ein Mitschüler erzählt, der Lehrer habe ihn nach der Stunde »angeranzt«, fragt er sich, ob demjenigen ein Tornister um die Ohren geschlagen oder er mit dem Bauch gegen die Wand gedrückt wurde – wer kann's ihm verdenken.

Sein »Nebe(n)sitzer«, wie hier sein »Banknachbar« heißt, erscheint dem kleinen Friesen unter Umständen sympathischer, weil der Terminus eigentlich nur andeutet, dass der Schulkamerad »neben ihm sitzt«, während sich der hochdeutsche »Nachbar« nach jemandem anhört, der nebenan ein Grundstück oder eine Wohnung besitzt und für ewig dort Platz genommen hat – und das kann unter Umständen nervend sein.

Wenn er im Übrigen etwas tiefer in die Geheimnisse des Schwäbischen vorgedrungen ist, wird ihm ein sprachlicher Widerspruch zwischen diesem »Nebensitzer« und dem ihm aus der alten Heimat bekannten »Sitzenbleiber« aufgehen. Der bleibt in Schwaben nämlich »hocken«, wie überhaupt in Württemberg jegliche Art von Sitzen als »Hocken« bezeichnet wird (siehe auch das Kapitel »Jucken, Lupfen und Sauen«) und eigentlich der »Nebensitzer« ein »Nebenhocker« sein müsste. Im Grunde kann der Norddeutsche die Unannehmlichkeit des »Hocken-

Zeugnis
4 6 5
6 5 6 4

bleibens« insofern besser nachvollziehen, als für ihn »Hocken« eine eher ungemütliche Art des Sitzens, ein Kauern, darstellt. Andererseits ist natürlich für den schwäbischen Schüler das »Hockenbleiben« auch keinesfalls erstrebenswert, nur weil es für seine Ohren heimelig klingt.

»Hockenbleiben« tut man – das ist in Reutlingen nicht anders als in Emden – wegen zu schlechter »Noten«. Die lassen sich, erklärt dem Neu-Schwaben sein neuer »Nebensitzer«, vermeiden, indem er gute Klassenarbeiten schreibt, regelmäßig seine »Hausaufgaben« erledigt und im Unterricht des Öfteren »streckt«. Aber wenn er »gscheit« genug sei, vielleicht sogar ein »Käpsele«, hätte er da sicher keine Probleme.

Das mit den »Hausaufgaben« versteht der norddeutsche Einwanderer bestimmt ohne Schwierigkeiten; der Begriff ist ja logischer als der für die bisher von ihm angefertigten »Schularbeiten«, die eben nicht in der Schule, sondern tatsächlich zu Hause gemacht werden. Aber »strecken«? Erst als ihm sein Informant diese geheimnisvolle Tätigkeit vorführt, indem er seinen Arm gerade gen Himmel reckt, wird ihm klar, dass es nicht um ein wohliges Recken und Strecken des ganzen Körpers geht, sondern um das »Aufzeigen«, wie das »sich Melden« in nördlichen Schulen genannt wird.

»Gscheit« in der Bedeutung von »klug«, »intelligent« hat er sicher schon mal gehört, zumindest weiß er, dass es mit »scheitern« nichts zu tun hat. Stutzig macht ihn nur die Bemerkung eines neuen Sportfreunds, er habe keine »gscheiten« Fußballschuhe und die Feststellung der Nachbarin seiner Mutter gegenüber, in Tübingen könne man nicht »gscheit« einkaufen. Man muss sicher eine Weile in Schwaben sein, um alle Funktionen dieses Universalwortes zu kennen – meist lässt es sich am besten mit »ordentlich« übersetzen (außer im Sinne von »klug«).

Aber »Obacht« (das ist das schwäbische Wort für »Aufgepasst!«, »Achtung!«): Kein Stolz ist angebracht, wenn jemand mit »Gscheidle« tituliert wird – so einer ist nämlich nur eingebildet »gscheit« und glaubt, alles besser zu wissen oder zu können. Aufhorchen sollte man auch, wenn man als »überstudiert« bezeichnet wird. Damit ist nicht einfach gemeint, dass man durch zu viel Lernen den Kopf überanstrengt hat, sondern dass man schon ein fortgeschritteneres Stadium erreicht hat, »wunderlich«, ja »verrückt« geworden ist. Ein anderes Wort für diesen Zustand ist »gschpässig« – das klingt auf jeden Fall lustiger. Ein »Käpsele« hingegen ist einer, der viel im Kopf hat, also sehr intelligent ist.

Der halbwüchsige Reigschmeckte freut sich vermutlich nur kurz über die Ankündigung der hübschen Französisch-Referendarin, sie werde sein Verhalten im »Tagebuch« vermerken. Spätestens wenn sie das einen »Eintrag« nennt, ahnt er, dass es sich nicht um eine schmeichelhafte Erwähnung in ihren persönlichen Notizen handelt, sondern ganz unromantisch der »Eintragung« ins »Klassenbuch« entspricht, wie er sie an seiner alten Schule erlebte und die oftmals zu Verwarnungen, »blauen Briefen« und ernsten Gesprächen mit dem Schuldirektor führten.

Wenigstens für die »Ferien« wird in Süd und Nord dasselbe Wort verwendet. Beim zweitschönsten schulischen Begriff scheiden sich anscheinend die Geister schon wieder: Die schwäbische »Hohlstunde« ist wohl eher Ausdruck der Lehrersicht, dass nämlich Zeiten, in denen sie nicht unterrichten, für die Schüler hohl und leer sind. Die norddeutsche »Freistunde« scheint aus der Perspektive der Schüler formuliert: Diese – oft unerwartete – lehrerlose Zeit ist ein Stück Freiheit, das man nach Belieben nutzen kann. Für die Schüler beider Regionen gilt jedoch sicher: Nur einem Hohlkopf wird die Freistunde zur Hohlstunde.

Nachwort und Dank

Es gibt, wie man sieht, viele Möglichkeiten und Gelegenheiten für Schwaben und Norddeutsche, aneinander vorbeizureden und sich falsch zu verstehen. Vermutlich beruht ein Teil des vor allem von den Schwaben als gespannt angesehenen Verhältnisses zu den Hochdeutschsprechern auf falschen Interpretationen des schwäbischen Vokabulars.

Die behandelten Bereiche sind aber längst nicht alle, die man auf »falsche Freunde« durchleuchten könnte. So wurde der häusliche Sektor bisher kaum berührt – ich nenne nur Begriffe wie »Bühne«, »versorgen« und »Schachtel« –, die Rolle der französischen Lehnwörter – »malade«, »Maleur«, »pressieren« oder »schalu« – nur am Rande angesprochen und auf missverständliche Tiernamen (»Muck«, »Krab«, »Ziefer«) gar nicht eingegangen.

Sie – und weitere – sollen, wie bereits im Vorwort angedeutet – in einer eventuellen zweiten Auflage oder in einem zweiten Bändchen behandelt werden.

Dort würden auch, wie ebenfalls im Vorwort angekündigt, die Korrekturen und Anregungen von Lesern aufgenommen werden, die diese an die folgende Adresse schreiben oder mailen:

Rolf Kellner
c/o Silberburg-Verlag
Schönbuchstraße 48
72074 Tübingen
E-Mail:
rolf.kellner@uni-tuebingen.de

Zum Schluss möchte ich allen danken, die mir – bewusst oder unbewusst – Beiträge für meine Sammlung schwäbisch-hochdeutscher Zwei- und Mehrdeutigkeiten geliefert und damit zur Entstehung dieses Büchleins beigetragen haben.

Besonders aber danke ich Udo Grundmann, Fritz Hackert, Werner Lang, Sylvia Reineke, Helmut Seidel, Jutta Silbereisen und Peter Weit, die mich über Jahre hinaus mit Rat, Tat und kontrollierender Lektüre unterstützten.

Versteh' einer die Schwaben!

Schwäbisches Grundwortschätzle
120 Seiten,
ISBN 3-87407-340-8

Babette Knöpfle:
Schwätz koin Bäpp!
Schwäbischer Dolmetscher
184 Seiten,
ISBN 3-87407-309-2

Thaddäus Trolls
schwäbische Schimpfwörterei
136 Seiten,
ISBN 3-87407-308-4

Ludwig Michael Dorner:
Schad, daß e scho gnuag hon
Oberschwäbische Sprüch'
und Redensarten
220 Seiten, fester Einband,
ISBN 3-87407-192-8

Für Fortgeschrittene:
's menschelet
Schwäbische Geschichten und Gedichte
Mit einem Vorwort von Manfred Rommel
144 Seiten, fester Einband, ISBN 3-87407-539-7

In jeder Buchhandlung.

Silberburg-Verlag

Schönbuchstraße 48 · D-72074 Tübingen
www.silberburg.de